ISIDORA.

CHEZ LE MÊME ÉDITEUR :

UN HIVER A MAJORQUE,
Par GEORGE SAND.
2 volumes in-8.

MELCHIOR, — MOUNY-ROBIN,
Par George Sand.
(Faisant partie de la 4ᵉ livraison du *Foyer de l'Opéra*, 2 vol. in-8.)

SOUS PRESSE :

LE PÉCHÉ DE MONSIEUR ANTOINE,
Par GEORGE SAND.

La comtesse de Mourion,
ROMAN EN DEUX PARTIES,
Par FRÉDÉRIC SOULIÉ.

L'AMAZONE,
(Faisant partie de la 5ᵉ livraison du *Foyer de l'Opéra*, 2 vol. in-8.)
Par Alexandre Dumas.

LE MÉDECIN DU CŒUR,
Par Alphonse BROT.

TEL PÈRE TEL FILS,
Par Jules David.

LE POIGNARD DE CRISTAL,
Par Jules LECOMTE.

ISIDORA

PAR

George Sand.

PARIS,
HIPPOLYTE SOUVERAIN, ÉDITEUR
De MM. George Sand, Frédéric Soulié, de Balzac, Alexandre Dumas, Paul de Kock,
Alphonse Brot, Amédée de Bast, Jules Lecomte, etc.

RUE DES BEAUX-ARTS, 5.
—
1846.

LETTRE TROISIÈME.

ISIDORA A MADAME DE T...

LETTRE TROISIÈME

ISIDORA A MADAME DE T...

Isidora à Madame de T...

Dimanche, 15 juin, 1845.

Je ne me croyais pas destinée à de nouvelles aventures, et pourtant, mes amis, en voici une bien conditionnée que j'ai à vous raconter :

Il y a quinze jours, j'étais allée à Bergame pour quelque affaire, et je revenais seule dans ma voiture, impatiente de revoir Agathe, que j'avais laissée un peu souffrante à la villa. Je n'étais plus qu'à cinq ou six lieues de mon gîte, et le soleil brillait encore sur l'horizon. Un cavalier me suivait ou suivait le même chemin que moi : il est certain que, soit qu'il me laissât en arrière en prenant le galop, et se mît au pas lorsque mes postillons le rejoignaient, soit qu'il se laissât dépasser et se hâtât bientôt pour regagner le terrain, pendant assez longtemps je ne le perdis pas de vue. Enfin, il me parut clair que c'était à moi qu'il en voulait, car il renonça à toutes ces petites feintes, et se mit à suivre tranquillement l'allure de mes chevaux. Tony était sur le siége de ma voiture, toujours le même Tony, ce fidèle jockey que Jacques connaît bien, et qui est devenu un excellent valet de chambre. Il a conservé sa naïveté d'autrefois et et ne se gène point pour adresser la parole aux passants, quand il est ennuyé du silence et de la solitude.

Nous montions au pas une forte côte, et j'étais absorbée dans quelque rêverie, lorsque je m'aperçus que Tony avait lié conversation avec le jeune cavalier, qui paraissait ne pas demander mieux, quoiqu'il appartînt évidemment à une classe beaucoup plus relevée que celle de mon domestique.

J'ai dit le jeune cavalier, et, effectivement, celui-là était dans la première fleur de la jeunesse : dix-huit ans au plus, une taille élancée des plus gracieuses, une figure charmante, un air de distinction incomparable, des cheveux noirs, abondants, fins et bouclés naturellement, un duvet de pêche sur les joues, et des yeux... des yeux qui me rappelèrent tout-à-coup les vôtres, Alice, tant ils étaient grands et beaux, des yeux de ce gros noir de velours, qui devraient être durs en raison de leur teinte sombre, et qui ne sont qu'imposants, parce que de longues paupières et un regard lent leur donnent un fonds de douceur et de tendresse extrême.

Ce bel enfant me fut tout sympathique à la première vue, car ce fut alors seulement que je songeai à regarder ses traits, sa tournure, et la grâce parfaite avec laquelle il gouvernait son cheval. J'écoutai aussi le son de sa voix qui était doux et plein comme son regard, son accent qui était pur et frais comme sa bouche. De plus c'était un accent français, ce qui fait toujours plaisir à des oreilles françaises, fut-ce dans la contrée *où résonne le si*.

Dans celle-ci, c'est l'*u* lombard qui résonne; et Tony, qui est très fier de parler couramment un affreux mélange de dialecte et d'italien, s'imaginait que son interlocuteur pouvait s'y tromper. Mais, au bout d'un instant, le jeune homme, voyant bien qu'il avait affaire à un compatriote, se mit tout simplement à lui parler français, et Tony lui répondit bientôt dans la même langue, sans s'en apercevoir.

Leur conversation, que j'entendais par lambeaux, roulait sur les chevaux, les voitures, les chemins et les distances du pays. Certes un jeune homme aussi distingué que ce cavalier ne pouvait pas trouver un grand plaisir à échanger des paroles oiseuses avec un jeune valet assez simple et passablement familier. Pourtant il y mettait une bonne grâce qui me parut cacher d'autres desseins ; car bien qu'il n'osât pas se tenir précisément à ma portière, il se retournait souvent et cherchait à plonger ses regards dans ma voiture, et jusque sous le voile que j'avais baissé pour me préserver de la poussière.

Je m'amusai quelques instants de sa curiosité : puis j'en eus bientôt des remords. « A quoi bon, me dis-je, laisser prendre un torticolis à ce bel adolescent? quand il verra les traits d'une femme qui pourrait fort bien être la mère de son frère aîné, il sera tout honteux et tout mortifié d'avoir pris tant de peine. » Nous touchions au faîte de la montée; je résolus de ne pas le condamner à descendre le versant au trot, et, certaine qu'après avoir vu ma figure, il allait décidément renoncer à me servir d'escorte, je laissai tomber, comme par hasard, mon voile sur mes épaules, et fis un petit mouvement vers la portière comme pour regarder le pays. Mais quelle surprise, dirai-je agréable ou pénible, fut la mienne, lorsque cet enfant, au lieu de reculer comme à l'aspect de la Gorgone, me lança un regard où se peignait naïvement la plus vive admiration ? Non, jamais, lorsque j'avais moi-même dix-huit ans, je ne vis un œil d'homme me dire plus éloquemment : « Vous êtes belle comme le jour. »

Soyons franche, car, aussi bien, vous ne pouvez pas me prendre pour une sainte ; le plaisir l'emporta sur le dépit, et ma vertu de matrone ne put tenir contre ce regard de limpide extase et ce demi-sourire où se peignait, au lieu de l'ironie dédaigneuse sur laquelle j'avais malicieusement compté, une effusion de sympathie soudaine et de confiance affectueuse. L'enfant avait faiblement rougi en me voyant le regarder, de mon côté, avec quelque bienveillance maternelle, mais ce léger embarras ne pouvait vaincre le plaisir évident qu'il avait à attacher ses yeux sur les miens. Il retenait la bride de son cheval pour ne pas s'écarter de la portière, et son trouble mêlé de hardiesse semblait attendre une parole, un geste, un léger signe qui l'autorisât à m'adresser la parole. Enfin, voyant que je commençais à l'examiner avec un peu de sévérité feinte, il se décida à me saluer fort respectueusement.

On salue beaucoup et à tout propos dans ce pays-ci, surtout les dames, lors même qu'on ne les connaît pas. Je rendis légèrement le salut, et me retirai dans le fond de ma voiture, un peu émue, je le confesse : car, au premier moment de la surprise, toute femme sent que le plaisir de plaire est invincible en dépit du serment... qui sait? peut-être à cause du serment qu'elle a fait d'y renoncer : mais cette bouffée de jeunesse et de vanité ne dura point. Je pensai tout de suite à ma fille Agathe, je me dis que je la volais, et que le pur regard d'un si beau jeune homme lui fût revenu de droit, si elle s'était trouvée à mes côtés. Je remis mon voile, je levai la glace et j'arrivai au relais où je devais quitter la poste, sans avoir voulu m'assurer de la suite de l'aventure. Le cavalier me suivait-il encore? je n'en savais vraiment rien.

Mon cocher et mes chevaux m'attendaient là, pour me conduire jusque chez moi. En payant les postillons, je vis Tony à quelque distance, parlant bas et avec beaucoup de vivacité au jeune cavalier qui avait mis pied à terre. Tony riait, frappait dans ses mains, et l'autre paraissait chercher à contenir cette pétulance. Je crus même voir qu'il lui donnait de l'argent, et cela me parut fort suspect, d'autant plus que, lorsque je rappelai Tony pour partir, je le vis tenir l'étrier de son nouveau protecteur, et prendre congé de lui en lui faisant des signes d'intelligence. Nous nous remîmes en route pour cette dernière étape, et l'étranger nous suivit à quelque distance.

Je m'avançai sur la banquette de devant, et, frappant sur le bras de Tony, placé sur le siège : quel est ce jeune homme à qui vous avez parlé, et d'où le connaissez-vous ? lui demandai-je d'un ton séyère. La tête de Tony dépassant l'impériale, je ne pus voir si sa figure se troublait; mais je l'entendis me répondre avec assez d'assurance : — Je ne le connais point, Madame, mais ça a l'air d'un brave jeune homme; il a des lettres de recommandation pour Madame : mais il a dit qu'il ne se permettrait point de les lui remettre sur le chemin. Il vient avec nous, il descendra à l'auberge du village, et il viendra voir ensuite au château si Madame veut bien recevoir sa visite.

— C'était donc là ce qu'il te disait?

— Oui, et il me demandait si je pensais que Madame serait visible en rentrant, ou seulement demain matin. J'ai dit que je n'en savais rien, mais qu'il pouvait bien essayer, que nous n'avions pas fait une longue route, et que Madame ne se couchait pas ordinairement de bonne heure.

— Et c'est pour donner de si utiles renseignements que vous recevez de l'argent, Tony?

— Oh! non, Madame, je venais d'entrer dans un bureau de tabac pour lui acheter des cigares, et il m'en remettait l'argent.

Ces explications me parurent assez plausibles, et je me tranquillisai tout-à-fait. Néanmoins, un reste de curiosité me décida à recevoir cette visite aussitôt que je fus rentrée, et après avoir pris seulement le temps d'embrasser Agathe.

Le jeune homme fut introduit, et dès que j'eus jeté les yeux sur l'adresse de la lettre qu'il me présenta, je lui fis amicalement signe de s'asseoir. Quelles méfiances et quels scrupules eussent pu tenir contre votre écriture, ma chère Alice? Et comment celui qui m'apporte un mot de vous ne serait-il pas reçu à bras ouverts?

Mais quel singulier petit billet

que le vôtre, et pourquoi avez-vous semblé favoriser l'espèce de mystère dont il plaît à votre protégé de s'entourer ? Qu'est-ce qu'un *jeune homme qui va avoir le bonheur de me voir en Italie, et qui tâchera de se recommander de lui-même ? Vous désirez que je sois bonne pour lui,* et vous ne me dites pas son nom ? Il faut qu'il me le déclare lui-même, qu'il m'apprenne qu'il est *l'ami de votre fils, un peu votre parent,* qu'il ne *vous connaît pourtant pas beaucoup,* qu'il avait un grand désir de m'être présenté et qu'il me supplie de ne pas le juger trop défavorablement d'après son embarras et sa gaucherie? J'ai d'abord accepté tout cela sans examen, mais maintenant que j'y songe, et que je vois votre protégé si peu au courant de ce qui vous concerne, je commence à m'inquiéter un peu et à me demander si la personne à à laquelle vous avez donné ou envoyé une lettre pour moi (car ceci même n'est pas bien clair) est réellement celle qui me l'a remise. Voyons, m'avez-vous adressé un M. Charles de Verrières, brun, joli, âgé de dix-huit ou dix-neuf ans, parfaitement élevé, quoique un peu bizarre par fois, peu fortuné et encore sans état, à ce qu'il dit; voyageant, au sortir du collège, pour se former l'esprit et le cœur, apparemment ? Répondez-moi, ma très chère, car je suis intriguée.

Pour que vous en jugiez, ou que vous connaissiez un peu mieux ce protégé qui vous connaît si peu, je reprends ma narration.

Gagnée et vaincue par votre recommandation, et apprenant qu'il était venu de Milan exprès pour me voir, j'ai envoyé chercher son cheval et ses effets à l'auberge, j'ai installé chez moi mon jeune hôte, et nous avons passé ensemble dans la salle à manger, où Agathe nous attendait pour souper. Jusque-là, nous avions été entre *chien et loup* ; lorsque nous nous retrouvâmes en face, les bougies allumées, je retrouvai l'étrange et profond regard de l'enfant toujours attaché sur moi, avec un mélange de crainte, d'admiration, de curiosité, et parfois aussi de doute et de tristesse. Jamais physionomie d'amoureux, enflammé à la première vue, n'exprima mieux les angoisses et l'entraînement d'une passion soudaine. Pourtant ma raison rejetait et rejettera toujours une si absurde hypothèse. Le premier étonnement était passé, et, avec lui, la sotte satisfaction dont je n'avais pu me défendre. Ce jeune homme m'avait servi de miroir pour me dire que j'étais belle encore ; mais quel rapport pouvait s'établir entre son âge et le mien ? La présence d'Agathe me communiquait d'ailleurs ce calme souverain qui émane d'elle et qui réagit sur moi. Quand Agathe est là, il n'y a point de folle pensée qui puisse approcher du cercle magique qu'elle trace autour de nous deux. Je me disais donc que ce jeune homme avait quelque grâce importante à me demander, qu'il attendait de moi son bonheur ou son salut ; et la pensée qu'il connaissait Agathe, qu'il était épris d'elle, et chastement favorisé en secret, commençait à me venir.

Mais la tranquillité d'Agathe me détrompa bientôt. Elle ne le connaissait pas, elle ne l'avait jamais vu ; et lui, cet enfant si impressionnable, si avide d'admirer la beauté, si soudain dans l'expression muette de son penchant secret, il ne regardait point Agathe ; il ne la voyait pas. Il ne voyait que moi. Cette luxuriante jeunesse de ma fille, ces yeux purs, cette bouche fraîche, cet air angélique, tout cela ne lui disait rien. Il semblait qu'il n'eût pas le loisir de s'apercevoir de sa présence.

Je ne savais que penser de ce jeune homme : son excessive politesse, ce raffinement d'égards et de menues attentions pour les femmes, qui, en France, appartient aux patriciens exclusivement, me donnait la certitude qu'il était ce qu'autour de vous, Alice, on appellerait *bien-né :* mais, en même temps, il montrait une instruction solide et complète, une maturité de jugement et une absence de prétentions, qui, vous le savez bien, et vous me permettez bien de vous le dire, sont extrêmement rares chez les enfants de votre caste. L'instruction des classes moyennes est plus précoce, à cet égard, plus spéciale, et j'ai toujours remarqué, entre les bacheliers de la bourgeoisie et ceux de la noblesse la différence, qu'il y a entre une éducation imposée comme nécessaire et celle qui n'est réputée que d'agrément. Notre Charles (ou plutôt votre Charles), avait donc l'esprit d'un roturier et les manières d'un gentilhomme, et cela en fait un personnage original et frappant, à cet âge où les adolescents de l'une ou de l'autre classe portent tous le même cachet, ou de gaucherie sauvage, ou de confiance ridicule. Celui-ci n'a rien de lourd et rien de frivole, rien de pédant et rien d'éventé. Il parle quelquefois comme un homme mûr qui parle bien, et, en le faisant, il ne perd rien de la grâce et de l'ingénuité de son âge. Il est réfléchi à l'habitude, étourdi par éclairs, sérieux d'esprit, gai de caractère, retenu avec bon goût, expansif avec entraînement. Enfin, il faut le dire, Alice, et voilà ce qui me désole, il est charmant, il est accompli, et si j'avais seize ou dix-sept ans, j'en serais folle.

Et pourquoi et comment ne l'est-*elle* pas? Est-ce parce qu'elle est vivement frappée au cœur, qu'elle cache si bien sa folie? Ou, si elle ne sent rien pour lui, est-ce qu'elle serait égoïste et insensible? Je m'y perds!

Voilà encore mon récit interrompu par des réflexions et des exclamations auxquelles vous ne comprenez rien. Je renonce à raconter avec détail, et, en trois mots, vous allez m'entendre. Le lendemain, il a enfin très bien remarqué Agathe. Au grand soleil du matin, grâce à Dieu, j'ai apparemment repris mon aspect de matrone romaine. Le regard de mon hôte n'était plus si brillant; il était plus doux, et le respect semblait tempérer la sympathie. Au grand soleil du matin aussi, ces pâles jasmins qui éclosent sur les joues suaves et fines d'Agathe exhalaient un irrésistible parfum d'innocence. Charles a senti cette fleur passer entre lui et moi dans l'atmosphère. Il a relevé la tête, et ce qui était logique et légitime est arrivé; il a été frappé, charmé, doucement et délicieusement pénétré. J'ai vu ce retour vers le cours naturel des choses, la jeunesse attirant la jeunesse, et je ne m'en suis pas alarmée. Qu'est-ce qu'un souffle qui passe? Qu'est-ce qu'un voyageur qui arrive la veille et part le lendemain?

Mais il ne partit pas le lendemain. Je ne sais comment la chose se fit, il se rendit nécessaire pour le jour suivant. Nous devions entreprendre une grande promenade sur le lac. J'ignore si le rusé connaissait le lac, mais il eut l'air de ne pas le connaître, de nous demander l'itinéraire de la tournée pittoresque qu'il projetait de faire en nous quittant; et moi, avec cette candeur qui porte les habitants d'un beau pays à en faire les honneurs aux étrangers, je lui appris que nous serions par là, je lui donnai rendez-vous vers certains rochers, et, peu à peu, on se fit si bien à l'idée de passer la journée ensemble, qu'on trouva plus sûr, pour se rencontrer à point, de partir et d'arriver dans la même barque.

Cette journée fut charmante, un temps magnifique, des sites délicieux, un enjouement expansif qui alla presque jusqu'à l'intimité, et ces mille petits incidents champêtres qui rapprochent et lient plus qu'on ne l'avait prévu. Tony était notre gondolier et nous égayait, comme à dessein, par sa bonne humeur et ses lazzis naïfs.

Le soir, quand nous rentrâmes, nous étions tous trop fatigués pour que Charles se remît en route, et il prit congé de nous, pour le lendemain matin. Il devait partir avec le jour; mais, à midi, il était encore à l'auberge. Le maréchal avait encloué son cheval; il en cherchait un autre et n'en trouvait pas. Il fallut bien songer à lui en offrir un, et l'inviter à venir déjeûner en attendant; mais, le lendemain, nous allions à quelque distance sur la route de Milan, et nous pouvions le conduire jusque là. Agathe fit cette réflexion avec un naturel parfait : je n'y vis pas d'objection.

Une affaire survint et retarda notre voyage....... Que vous dirai-je?

Charles passa huit jours avec nous, sans que le hasard nous amenât aucune visite, et durant toute cette semaine, voyant Agathe à toute heure, écoutant sa voix charmante, faisant de la musique et de la peinture avec elle, il en devint amoureux, du moins je le crois, et il m'est impossible d'expliquer autremeut la douleur visible et profonde avec laquelle il nous quitta, la joie enthousiaste qu'il éprouva lorsqu'il se fut fait autoriser à revenir au bout d'un mois, époque à laquelle il devait repasser pour aller à Venise.

Et au lieu de repasser au bout d'un mois, il vient de *repasser*, comme il dit, au bout de huit jours. De prétendues affaires l'ont obligé d'abréger son séjour à Milan, il n'a pas pu traverser la vallée sans s'arrêter pour nous saluer, et voilà encore huit jours qu'il nous salue et nous fait ses adieux.

De tout cela, il résulte, Alice, que ma fille a un amoureux, terriblement amoureux, je vous jure, et qui s'est tellement donné à nous, cœur et âme, que je ne sais pas du tout comment je vais le décider à nous quitter. Il faut pourtant s'y résoudre, car les prétextes vont manquer mutuellement, et la vie est si bizarrement arrangée qu'il ne suffit pas de se plaire et de se convenir parfaitement les uns aux autres pour rester ensemble indéfiniment : il faut des prétextes ; les convenances, qui sont un admirable système de prudence destiné à nous faire toujours sacrifier le présent à l'avenir, le certain à l'incertain, la joie à l'ennui, et la sympathie à la défiance, les convenances exigent que nous éloignions celui que nous voudrions garder, de peur qu'un jour ne vienne où nous regretterons de l'avoir retenu. Et pourtant alors, ces prétextes ne manqueraient pas; car l'usage autorise les prétextes menteurs et désobligeants. Il ne demande d'art et de vraisemblance qu'à ceux qui donneraient du bonheur. Et pourtant aussi, ce jour où on voudrait l'éloigner n'arrivera peut-être jamais... Peut-être que sa présence nous serait à jamais douce et bienfaisante... Alors, raison de plus pour qu'il s'en aille; car si on l'aime, il ne faut pas qu'il s'en doute ; et s'il s'en doute déjà, il ne faut à aucun prix le lui dire sincèrement. La loyauté gâterait tout, elle inspirerait bien vite la méfiance à celui qui, de son côté, est au désespoir d'en inspirer... Et voilà les cercles vicieux qui se déroulent à l'infini, lorsqu'on met aux prises dans la première circonstance venue, les lois d'un noble instinct et celles d'un monde hypocrite et froid.

Et après tout, il se trouve qu'en fait, le monde a raison quatre vingt-dix-neuf fois sur cent, et que les cas où on lui sacrifie quelque chose de vraiment regrettable sont des cas exceptionnels. Ce n'est as la froide méfiance du monde qui a fait la corruption et la perversité : c'est la perversité et la corruption des mœurs qui ont rendu nécessaires les lois glacées de la convenance.

Au fait, pourquoi, dans cette occasion-ci, serait-il prouvé qu'on doit écouter sa sympathie et se révolter contre l'usage ? ce jeune homme nous plaît énormément, cela est certain. Il est d'un commerce exquis, sa figure et ses manières ont un charme qui tournerait la tête d'une jeune fille un peu romanesque et qui ferait battre d'amour et d'orgueil le cœur d'une mère. Si je consulte mon instinct, je dois m'imaginer que c'est là le fils de mon choix et désirer ardemment qu'il plaise à ma fille, qu'ils se voient, qu'ils s'entendent; et qu'un jour arrive, où, un peu moins enfants l'un et l'autre, ils s'engagent l'un à l'autre.

Il me semble bien que nous nous convenons tous les trois, qu'il est et serait à jamais heureux avec nous, et que, lui, compléterait notre vie. C'est pour le coup que je serais calme, et guérie de tout le passé, en voyant naître et en surveillant maternellement ces innocentes amours; j'aurais une famille, et chaque année, ajoutée à ma vieillesse, au lieu de m'apporter l'effroi de l'abandon et de l'isolement, me donnerait l'espoir et la certitude de voir s'agrandir le cercle de mes saintes affections.

Mais tout cela peut n'être qu'un rêve et une dangereuse illusion. Cet enfant, quand il nous reviendra dans quelques années, sera peut-être corrompu; et peut-être alors rougirais-je d'avoir songé à lui faire espérer le cœur et la main d'Agathe.

Et, dès à présent, quel est-il, après tout? Il me semble que je le connais, que je l'ai toujours connu, que je lis dans son âme, que je n'y vois rien que de pur et de beau : mais ne me trompé-je point? Ne suis-je pas prévenue par quelqu'attrait romanesque, par cette séduction de la beauté à laquelle je suis encore trop sensible, par l'isolement où je vis, et un certain besoin d'illusions qui se reporte sur l'avenir d'Agathe, faute de pouvoir s'exercer sur moi-même? Et d'ailleurs, quoi de plus fragile que cette beauté d'une âme à peine ouverte aux impressions de la vie?

Il est certain, d'ailleurs, qu'il y a en lui quelque chose de mystérieux, et qu'il a de puissants motifs pour ne nous parler ni de sa famille, ni de ses amis, ni de sa position dans le monde, ni d'aucune de ses relations. Quand je cherche à l'interroger, ses réponses sont laconiques, évasives. Quelquefois même elles ne sont pas d'accord avec ses précédentes réponses, et il se trouble quand j'en fais la remarque, comme s'il y avait à son nom quelque malheur ou quelque honte attachés fatalement. Mais l'instant d'après, il rit de son embarras, et alors, son regard et ses manières ont une franchise, une confiance, une spontanéité d'affection, qui semblent protester contre la réserve de ses paroles et attester que son âme est à l'abri de tout reproche et de tout soupçon. On dirait alors qu'il se moque tendrement de mes inquiétudes, et qu'il se sent le maître de les faire cesser.

Moi, j'ai dans l'idée que c'est un enfant de l'amour, le fils ignoré de quelque noble et pieuse dame, dont il a deviné et veut garder fidèlement le secret. S'il en est ainsi, et que par dessus le marché, il soit pauvre, raison de plus pour qu'il m'intéresse et que je caresse le rêve de devenir sa mère. On dirait qu'il devine cela, qu'il y compte, et c'est peut-être pour cette confiance que je l'aime tant.

Au milieu de toutes mes perplexités, Agathe reste calme comme

Dieu même. Elle l'aime pourtant, je le crois; car elle paraît plus heureuse quand il est là; elle pense, voit, et parle comme lui sur tous les points. Elle l'apprécie et l'admire même avec une naïveté incroyable; mais la tranquillité de ce bonheur et l'incurie de cette affection me surpassent. Il semble qu'elle ne se doute point qu'ils vont se quitter pour longtemps, peut-être pour toujours, ou bien qu'elle s'imagine que le regret et l'absence ne font point de mal. Cette fille si sage et si sensée aurait-elle l'imprévoyance d'un enfant? ou bien son courage est-il si bien trempé, son enthousiasme si caché et si profond, qu'elle soit invulnérable au doute et à la souffrance? Moi, qui aime ce jeune homme pour elle, et à cause d'elle, je suis mille fois plus agitée.

Et ne doit-il pas en être ainsi? Agathe est un enfant gâté, à qui le bien est venu en dormant, et qui se repose sur ma prudence et ma tendresse. Elle s'imagine peut-être sérieusement que c'est là le fiancé que je lui destine, et sa superbe indolence de petite fille adorée accepte ce bonheur comme elle a accepté la fortune, la liberté et mon amour, sans surprise et sans transport. Oui, c'est à moi d'être vigilante et soucieuse; c'est à moi, qui ai foulé aux pieds l'opinion pour mon propre compte, de faire bonne garde pour que la *fille de César* ne soit pas même soupçonnée, c'est à moi d'étudier en tremblant les jeunes gens qui passent le seuil de notre sanctuaire, et d'empêcher qu'un soufle malfaisant n'y pénètre. Étrange fille qui m'impose des devoirs si étrangers à mes habitudes et à mon caractère, et qui ne se doute point que cela soit si difficile et si grave pour moi!

Il faut pourtant sortir de cette position. Il ne m'arrive pas de lettre de vous, Charles ne paraît pas disposé à partir si je ne l'y force, et je vous en demande bien pardon, ma sœur, mais je vais mettre votre protégé tout doucement dehors, car je ne veux pas qu'il croie si aisé d'être l'amant et le fiancé de ma fille.

LETTRE QUATRIÈME.

ISIDORA A MADAME DE T...

Isidora à Madame de T...

Lundi, 16.

— Je relis tout ce que je vous écrivais hier, et je pense que mon cerveau avait un peu de fièvre, car je trouve, aujourd'hui, qu'il n'y avait pas du tout lieu à m'inquiéter si fort. Je vois les choses tout autrement ce matin. Il ne me semble plus que Charles soit amoureux d'Agathe, ni qu'Agathe ait encore pensé à la possibilité d'avoir une inclination. Ils sont, il est vrai, plus gais, plus intimes, plus camarades, si l'on peut ainsi dire qu'ils ne l'ont encore été. On croirait voir le frère et la sœur ; mais cette amitié enjouée, à la veille de se quitter, ne ressemble pas à l'amour. Non, ils sont trop jeunes, et c'est ma vieille tête, remplie de souvenirs brûlants et flétrie par l'expérience, qui a construit tout ce roman, auquel, dans leur candeur, ces enfants ne songent point. Hier soir, Agathe a eu envie de dormir à neuf heures, elle a été tranquillement se coucher en folâtrant avec nonchalance. On n'a pas envie de dormir quand on aime et qu'on peut rester jusqu'à minuit auprès de son amant.

Et lui, au lieu d'être triste, ou de ressentir quelque dépit, lui a souhaité un bon somme avec d'innocentes plaisanteries. Il n'a pas paru s'ennuyer le moins du monde de rester tête à tête avec moi tandis que je faisais de la tapisserie ; et comme je l'engageais à aller dormir aussi, il m'a suppliée d'un ton caressant, de ne pas l'envoyer coucher de si bonne heure. « Je serai bien sage, me disait-il, je ne vous fatiguerai pas de mon babil; si vous voulez rêver ou réfléchir en travaillant, je ne ferai pas le moindre bruit. Je me tiendrai là dans un coin comme votre chat. Pourvu que je sois avec vous, c'est tout ce qu'il me faut pour passer une bonne et chère soirée. »

C'est par de semblables câlineries d'une délicatesse incroyable que cet enfant là trouve le moyen de se faire chérir. Elles sont si vives parfois que si Agathe n'était pas ici, je m'imaginerais peut-être qu'il est épris de mes quarante-cinq ans. — Charles, lui ai-je dit, vous avez une mère, n'est-ce pas? — Certainement, tout le monde a une mère. — Eh bien, si j'étais votre mère, je serais jalouse. — On voit bien que vous n'êtes pas mère, les mères ne sont pas jalouses. — La vôtre ne l'est pas? elle est donc bien calme ou bien préoccupée? — Une mère est l'image de Dieu, et Dieu n'est pas jaloux de ses enfants. »

Et après cette réponse, pour détourner mes questions, il s'est mis à me parler de vous, et à me questionner sur votre compte, disant qu'il avait eu peu d'occasions de vous voir, et qu'il savait seulement que vous étiez une personne des plus respectables.

— Respectable est peu dire, ai-je répondu : Vous pourriez dire adorable et ne rien dire de trop. Je lui appliquerais ce que vous disiez tout-à-l'heure des mères en général. Les femmes comme madame de T... sont l'image de Dieu sur la terre.

— En vérité? En ce cas, son fils doit bien l'aimer !

— Comment ne savez-vous pas à quel point, si vous êtes son ami?

— Oh! son camarade plus peut-être que son ami. Cet enfant-là d'ailleurs est un étourdi qui ne vaut probablement pas sa mère.

— Ce n'est pas ce que sa mère m'écrit de lui. Elle dit que c'est un ange, et je le crois.

— Vraiment elle dit cela de Félix, cette bonne madame de T** ? Vous voyez bien que les mères sont des êtres divins !

— Mais je ne suis pas contente de votre manière de parler du fils d'Alice....

— Alice? madame de T*** ? Dites-moi, je vous en prie, si vous la trouvez belle autant qu'on le dit ?

— Comment, vous ne l'avez donc jamais vue ?

— Oui, elle m'a semblé belle ! autant que je puis m'en souvenir.

— Tenez, lui ai-je dit, en tirant de mon sein votre portrait que je ne quitte jamais, la voilà, mais cent fois moins belle, moins angélique, moins parfaite qu'elle n'est en réalité.

Il a pris votre portrait, et l'a tenu dans ses mains, le regardant sans cesse en m'écoutant parler. Il éprouvait une sorte d'émotion étrange, et je crois vraiment, Alice, qu'il devenait amoureux de vous. Cet enfant est impressionnable à un point extraordinaire. Ou c'est quelque génie de peintre, qui va prendre son essor, et que la beauté tourmente et subjugue, ou c'est une organisation d'artiste, mobile, enthousiaste, prête à s'enflammer à toutes les étincelles qui courent dans l'atmosphère. Il me questionnait toujours, affectant une légèreté badine, et, pourtant, je voyais une ardente curiosité percer sous cette petite feinte. Il souriait, rougissait, et, à mesure que je m'animais en parlant de vous avec passion, il devenait si tremblant que je craignis d'avoir été trop loin, et je m'arrêtai, tout d'un coup, pour lui retirer votre portrait qu'il serrait convulsivement contre sa poitrine.... Pardonnez-moi, Alice, mais j'ai cru un instant que cet enfant me faisait un mystère de sa passion pour vous, et qu'il avait menti en disant vous connaître à peine, de peur qu'à sa manière de parler de vous, je ne vinsse à le deviner. Vous êtes encore assez jeune pour inspirer un violent amour ; vous avez éloigné le jeune Charles en voyant les ravages que vous causiez involontairement ; et, en me le recommandant vous n'avez pas trop osé vous expliquer sur son compte...... Voilà, du moins, le nouveau roman, que pendant quelques minutes, j'ai improvisé sur vous et sur lui !

Mais la scène a changé, et j'ai failli encore une fois me croire l'objet de cette flamme que je rêve en lui, et qui n'y est, en réalité, qu'à l'état de vague aspiration pour toutes les femmes. En me rendant votre portrait, il a pris impétueusement mes mains, et y a porté ses lèvres, baisant à la fois et mes mains et votre image; et alors, se pliant sur ses genoux, d'une manière enfantine et gracieuse, moitié fils, moitié amant : « Vous êtes la plus admirable des femmes! s'est-il écrié; oui! après une autre femme, que je sais, il n'y a rien de plus vrai, de plus aimant et de plus parfait que vous sur la terre. On me l'avait bien dit, que vous étiez d'une beauté divine et d'une éloquence irrésistible! mais il y avait des gens qui prétendaient que vous n'étiez pas bonne et qu'il fallait se méfier de votre puissance ; moi, dès le premier regard que j'ai jeté sur votre figure divine, j'ai senti que ces gens-là en avaient menti;

et depuis, chaque parole que vous avez dite m'a pénétré au fond du cœur. Aussi, je le répète, après une autre femme à laquelle j'ai donné mon cœur et mon âme, il n'en est point que j'aime et que je vénère plus que vous.

— Et cette femme, mon cher enfant, ne serait-ce point Agathe? lui ai-je dit, entraînée à cette imprudence par l'émotion puissante qu'il me communiquait.

— Agathe! s'est-il écrié avec une surprise évidente. Agathe?... Pourquoi donc Agathe?... Ah! oui, il est certain que mademoiselle Agathe est charmante. Elle est belle, elle est bonne, elle a de l'intelligence et du cœur. Oui, oui, je l'aime bien tendrement, permettez-moi de vous dire cela. Je voudrais être son frère ! Si j'avais âge d'homme, je voudrais être son mari. Mais à l'heure qu'il est, ce n'est pas elle que je vous préfère, c'est une autre... c'est ma mère ! »

Il a dit cela avec tant d'effusion, et il y avait quelque chose de si angélique en lui, que j'ai senti mes yeux se remplir de larmes. Je l'ai embrassé au front, et je lui ai demandé de me parler de sa mère ; mais voilà où je me confirme dans l'idée qu'il n'est pas fils légitime : c'est qu'après cet élan passionné pour la femme qui lui a donné le jour, il n'a plus voulu ajouter un mot, remettant à une autre fois une confidence qu'il prétend avoir à me faire.

LETTRE CINQUIÈME.

ISIDORA A MADAME DE T...

Isidora à Madame de T...

Mardi, 17.

Oh! Alice, quel dénouement à notre aventure! et que mon roman me plaît mieux ainsi! Comme vous avez dû rire, malicieuse amie, depuis le commencement de cette longue et absurde lettre! Mais je ne

elle n'avait pas versé une larme, elle souriait à sa perdrix !

Cela me fit plus de mal encore. Les enfants d'aujourd'hui sont bien forts, me disais-je, et bien froids ! L'amour n'est plus de ce siècle ; je l'ai cherché toute ma vie sans le trouver, et cette jeune génération ne se donnera même pas la peine de le chercher. C'est mieux, à coup sûr, c'est plus sage et plus heureux ; mais je ne comprends plus rien à la vie !

Tony arrive là-dessus ; il avait une figure inouïe. Il riait, rougissait, balbutiait et tournait une lettre dans ses mains : — Qu'as-tu donc? Est-ce que M. de Verrières a oublié quelque chose?

— Non, non, Madame, ce n'est pas lui, c'est un autre, à présent!

— Comment? quel autre? Donne donc!

— C'est M. Félix qui arrive, M. Félix de T...***, le neveu à feu M. le comte!

J'ouvre la lettre. « Ma chère tante,
« voulez-vous permettre à un ne-
« veu, dont vous vous souvenez sans
« doute à peine, mais qui ne vous
« a jamais oubliée, de venir vous
« embrasser de la part de sa mère?
« Il est à votre porte.

FÉLIX DE T... »

Eh bien! Alice, je ne sais où j'ai l'esprit; mais il paraît que, hors les cas, aujourd'hui oubliés, d'amour et de jalousie, je ne possède aucune pénétration. Me voilà éperdue de joie, courant au devant de ce neveu, dont je n'ai jamais reçu un signe de souvenir et d'affection, ce qui me blessait un peu, quoique je ne vous en aie jamais parlé, mais que j'adore déjà, parce qu'il est votre fils et parce qu'il m'écrit un si aimable billet.

Je m'élance, Agathe me suit, Tony rit et saute comme un fou. Un tourbillon de poussière vient à nous. Un homme descend de cheval au milieu de ce nuage et se précipite dans mes bras... C'est Charles de Verrières ; c'est-à-dire, c'est Félix de T. !

Oh! quel être que votre fils, Alice! Quel adorable enfant cela fait aujourd'hui, et quel homme irrésistible ce sera un jour! Vous seule pouviez mettre au monde et développer un pareil naturel! Comment n'ai-je pas compris, dès la première vue, qu'il n'y avait pas d'enfants comme lui, à moins que ce ne fût l'enfant d'Alice!

Alors, me prenant un peu à part,

après les premières effusions, il m'a confessé la cause de toute cette petite comédie. Il avait, malgré vous, malgré lui-même, quelques préventions contre moi. Il avait entendu parler de moi si diversement ! Dans votre famille, il y a encore de vieux parents si acharnés contre la pauvre Isidora, et on vous fait un crime si grave, ma divine amie, de me traiter comme votre sœur ! L'enfant croyait à vous plus qu'aux autres; mais, quand on lui disait que je vous trompais, que je ne vous aimais pas, que j'étais un génie infernal, un esprit de ténèbres et de perdition, il était effrayé, et n'osait vous le dire. Enfin, envoyé par vous à Milan, avec un parent qui voulait lui montrer une partie de l'Italie, il a résolu de me voir sans se faire connaître, et il m'a répété aujourd'hui ce qu'il me disait l'autre jour. D'abord, la voix publique lui apprenait sur son chemin que je n'étais pas une mauvaise femme ; il a vu que je n'employais pas ma fortune à de méchantes actions. Sans doute, on lui aura dit aussi ce dont il a la délicatesse de ne point parler, le cher enfant ! à savoir qu'à l'endroit des mœurs, j'étais désormais *irréprochable!* Enfin, il m'a vue, il m'a trouvée belle, et d'une beauté qui lui a plu. Il m'a dit cela comme il vous le disait, et maintenant je l'écoute comme vous l'écouteriez vous-même. Et le reste, vous le savez : il s'est trouvé si heureux, si à l'aise, si bien selon son cœur auprès de moi, que, si ce n'était pour aller vous rejoindre, il ne voudrait jamais me quitter. Mais il peut rester encore quelques jours. Son parent est retenu à Milan par une affaire, et, d'après vos intentions, il l'a autorisé à passer ce temps près de moi.

Tony qui, enfant, a beaucoup

joué avec lui, l'avait reconnu au relais où il mit pied à terre la première fois, à une petite cicatrice particulière qu'il a à la main, et qui provient d'une blessure prise en jouant avec lui, précisément. Tony, sachant qu'on voulait me faire une agréable surprise, a gardé le secret. Quant à Agathe, elle ne savait rien, sinon que *Charles* ne s'en allait pas pour tout de bon ce matin.

S'aiment-ils? Ils s'aiment comme Félix me l'a dit, fraternellement; et un jour ils s'aimeront autrement, si nous le voulons toutes les deux, Alice. Vous le voudrez quand vous connaîtrez Agathe, et ce sera une manière, peut-être, de faire accepter à votre fils la fortune de son oncle, qui lui serait revenue en grande partie un peu plus tard. Mais laissons au temps à régler le cours des choses; j'étais une folle de le devancer par mon inquiétude; je ne comprenais pas que *Charles* pût rester et se plaire autant ici à cause de moi, et j'étais forcée de supposer que c'était à cause d'Agathe. A présent, je sais que *Félix* était chez sa tante pour l'amour d'elle, et si Agathe a aidé à lui faire trouver le temps agréable, c'est par rencontre et par bonne chance. Oh! ma chère Alice, quelles belles fleurs croissent dans le jardin de la vieillesse quand on a de tels enfants! et qu'il est doux de vivre en eux, quand on est dégoûté de vivre pour soi-même! Que vous êtes heureuse d'être mère, et que je suis bien dédommagée de l'être devenue de cœur et d'esprit!

FIN D'ISIDORA.

FANCHETTE.

LETTRE

DE

BLAISE BONNIN A CLAUDE GERMAIN.

La présente, mon cher parrain, est pour vous remercier de la vôtre, et vous donner des nouvelles de notre santé. Tant qu'à nous, nous sommes assez bien, Dieu merci; et les fièvres ont épargné toute notre couvée, cette année, malgré la mauvaise qualité du temps d'été, qui faisait trembler le pauvre monde et grouiller d'aise la poche des médecins. Les petits enfants de chez nous ne vont pas pire, que les grands; et la grand'mère, votre commère, comme vous l'appelez, sauf qu'elle entend un peu plus gros(1) que l'an passé, a encore bonne envie de vivre, grâce au bon Dieu. La moisson n'a pas été si pire qu'on pouvait le craindre; mais, tant qu'à la vendange, il ne faut

(1) Sauf qu'elle est un peu plus sourde.

pas parler de huit bœufs, ni de six, ni de quatre, ni tant seulement de deux, pour la rentrer; l'âne à Jarvois amènera le tout dans un panier. Sur l'article de la boisson, faudra se serrer le gosier, ce qui vaut mieux que de se serrer l'estomac sur l'article du pain. Mais le meilleur des deux ne vaut rien; et, d'une chose ou d'une autre, le pauvre monde peut bien compter qu'il n'a pas fini de pâtir. Le plus sage serait de se priver, avec cela qu'on a de quoi s'y accoutumer. Ça nous est facile à dire quand nous ne sommes pas des plus gênés. Aucun prêche la tempérance; et M. le curé, dont la cave n'est pas tarie, saura bien nous dire des paroles là-dessus; mais le plus grand nombre répond que quand le vin manque, le courage est bien malade et le nerf bien relâché. Et puis, ce n'est pas là encore le pire de l'affaire. Ceux qui ont du courage s'en servent, et s'ils crèvent à la peine, ça les regarde, comme dit l'autre. Ceux qui ne veulent pas abuser de leurs membres, et qui aiment à se réjouir un peu le cœur le dimanche (m'est avis qu'il y en a beaucoup de cette opinion-là, et qu'ils n'ont pas mérité la corde pour choyer un tant soit peu le vin gris de la côte), ceux-là, je dis, ne comprendront guère les raisons de M. le curé, et iront frapper, comme de coutume, à la branche de houx. Croyez-vous, mon parrain, que les cabarets seront vides cette année, que les brocs seront cassés, et que les araignées fileront leur toile dans les futailles? Oh! que nenni! Il y aura du vin comme à l'ordinaire, et peut-être pas beaucoup plus cher qu'à l'ordinaire; car il faut bien que tout le monde y vienne, et le cabaret ne peut plus se passer de la petite monnaie du gueux que le gueux ne peut se passer de la piquette du cabaret. Reste à savoir quelle piquette ce sera, et quel vin coulera dans nos tasses de grès. Issoudun n'a pas gelé, et Issoudun nous enverra ses gros vins noirs, qui rend lourd et triste le paysan de chez nous, habitué à son clairet égrillard. Il est vrai que les cabaretiers y metteront bon ordre, et qu'avec une pièce de vin issoudunois ils en feront bien dix; le reste sortira de chez le droguiste; la couleur sera belle, et le montant n'y manquera pas. Personne n'y perdra, si ce n'est que la santé pourra bien en souffrir, et que les grosses maladies pleuvront dru comme mouches, au retour du printemps.

Vous me direz que l'hôpital fera

ses affaires, c'est-à-dire le salut des saintes âmes qui amassent en bonnes œuvres des rentes pour le paradis. Vous qui avez pris à fermage, pendant quinze ans, un lot des terres de l'hospice, vous savez, mon parrain, qu'il y a là, pour le soulagement des nécessiteux, dix-huit cents ou deux mille bonnes pistoles de revenu au soleil. Mettons seulement quinze mille livres par chacun an : c'est bien de quoi assister les plus malheureux du canton. Mais demandez-moi quelles gens de la campagne ont jamais été franchement assistées à la ville avec cette fortune-là, je serai très empêché de vous le dire. L'hospice a toujours ses six lits, comme du temps où vous l'avez vu, ni plus ni moins. Avec mille pistoles de revenu, est-ce qu'on ne pourrait pas entretenir au moins vingt lits? Ça commencerait à compter; il resterait encore assez du susdit revenu pour monter une salle d'asile, alimenter les trois nonnes qui sont censées *sœurs de charité*, faire même quelques bâtisses, puisque l'administration tient à honneur de faire danser ses six couchettes dans un palais, enfin payer la messe à M. le curé, qui ne veut pas la dire aux malades à moins d'un écu. La cherté est partout; et messieurs nos desservants ne s'en tiennent pas à leur tarif.

Pour en revenir à notre hospice, nous avons eu grand'peine à y faire rester ce pauvre diable de Daudet, qui était revenu du service avec la poitrine défoncée par les pieds des chevaux dans une manœuvre. On n'en voulait pas, on le renvoyait d'Hérode à Pilate; et il a fallu la croix et la bannière pour qu'on ne le mît pas sur le pavé. Mais ça n'est rien ou pas grand'chose. Un homme qui ne peut pas gagner sa vie, parce qu'il a les côtes brisées, ça ne vaut pas la peine d'en parler. Nous en avons vu de meilleures, et puisque vous me demandez ce que c'est qu'une histoire d'enfant perdu, que Lorrain vous a embrouillée; puisque aussi bien, mon parrain, vous êtes quasi de l'hospice, et que vous vous intéressez toujours aux manigances de là dedans, je vais vous en régaler tout au long.

En mars dernier, à l'époque des semences, une jeunesse d'une quinzaine d'années, assez jolie, et dans une livrée de misère, s'est trouvée comme tombée d'en haut, au droit du pré Burat, à deux pas de la ville. Il y avait trois jours qu'elle vaguait par là, sans que personne pût dire à qui elle était, et sans qu'elle pût

le dire elle-même, la pauvre âme.
Il paraît que sa mère, qui n'a pas
pu lui donner du pain, n'a pas eu
non plus le moyen de lui donner une
langue pour en demander. Ça raisonne à peu près comme ma serpe, ça n'a pas plus de connaissance qu'un cabri, et c'est muet comme une pierre; ça entend, mais ça ne peut pas dire un mot; ça paraît ne pas se rappeler de la veille et ne pas s'inquiéter du lendemain. Enfin ça n'est bon à rien; et pour celui qui ne pense qu'à la vie d'aujourd'hui, mieux vaudrait trouver une caille dans son pré qu'une innocente comme celle-là à sa porte. Cependant

ça n'est pas méchant, un enfant comme ça ; ça n'a pas fait de mal, ça n'en pourrait pas faire. Comment ça pourrait-il mériter la mort ? Qu'est-ce qui voudrait se charger de débarrasser la terre de tout ce qui s'y trouve d'inutile ? Ça n'est pas moi, j'aurais trop d'ouvrage.

Si ça n'a pas mérité la mort, ça a donc droit à la vie ? Suivez mon idée, parrain. C'est-à-dire, ça a droit à du pain, à des habits, à un couvert, à des soins, à la charité, pour tout dire. Si l'État n'a pas le moyen de recueillir les idiots et les infirmes, il faut donc qu'ils nous retombent sur les bras, à nous autres pauvres gens. Car nous ne voulons pas les laisser mourir à notre porte; et s'il y aurait grand'honte à cela, c'est que sans doute il y aurait grand mal. Mais nous avons bien de la peine à joindre les deux bouts quand nous sommes valides, et même le plus grand nombre d'entre nous ne les joignent pas du tout. Quand nous pouvons garder chez nous nos vieux, nos malades et nos infirmes, c'est que nous sommes déjà un peu riches. Et quand nous ne le pouvons pas, voyons, qu'est-ce qu'il faut faire? qu'est-ce qu'il faut devenir? Il y a un gouvernement ou il n'y en a pas. Je veux qu'on me réponde, moi, Blaise Bonnin; j'ai le droit de demander le fin mot de la loi, car je suis adjoint de ma commune, et j'espère bien passer maire un jour ou l'autre. On me répond qu'il y a des fonds départementaux destinés à ne pas laisser mourir ceux qui ne peuvent pas se faire vivre. C'est bien court, à ce qu'il paraît; mais enfin il y en a. Qu'on s'en serve donc! Et si on ne s'en sert pas, si on les fait administrer par des gens qui ne savent pas ou qui ne veulent pas s'en servir, à qui nous plaindrons-nous? à qui demanderons-nous justice?

Ma femme, qui n'est point sotte,

comme vous savez, et qui a un cœur superbe (1), me disait comme ça en voyant cette jeunesse dehors, sans feu ni lieu, que si le gouvernement ne s'en mêlait pas, elle voulait faire honte au gouvernement, elle, Jacquette, et prendre l'enfant à sa charge, dût-elle tremper la soupe plus maigre à ses propres enfants. « Attends donc un peu, femme, que je lui disais, si ça continue, il faudra le faire, mais ça ne peut pas continuer. — Et en attendant, disait Jacquette, Dieu sait ce qui peut arriver d'une pauvre jeunesse com-

---

(1) Excellent, généreux.

me ça qui commence à avoir l'air de quelque chose, et qui ferait le mal sans connaître sa main droite de sa main gauche. » Si bien que j'allais chercher la petite, quand un jeune médecin de l'hospice vient à passer, et la trouve au milieu d'une bande d'enfants du faubourg, qui jouaient avec elle comme avec une guenille, et la tiraillaient vilainement pour la faire parler. A quoi la pauvrette ne savait que pleurer et marmotter des quarts de mots que personne ne pouvait comprendre plus que paroles de brebis. Ce digne jeune homme s'informe et l'emmène à l'hospice. Vous croyez qu'on l'accueille, qu'on la soulage et qu'on la console ? Point. Un enfant perdu, c'est pourtant quelque chose, et m'est avis que si je n'avais chose à faire en ce monde que de prier Dieu et de servir les pauvres, je recevrais en bonne part tout ce que Dieu m'enverrait. Pas moins, on refuse l'enfant. Il est trop bête, il est trop abandonné, il faudrait en avoir trop de soin, ça ne nous regarde pas : nous ne nous mêlons pas des idiots, nous ne recevons pas les vagabonds. Oui-da, prenez-vous l'hôpital pour une maison de fous, ou pour un dépôt de mendicité? Vous nous la baillez belle ! Le médecin insiste. Il donne un certificat de maladie à l'enfant, et voilà Fanchette (on lui a donné ce nom-là) reçue à l'hôpital, un peu malgré tout le monde. Elle s'y plaisait fort, elle s'y occupait autant que son pauvre esprit le lui permettait. Elle était douce, et se trouvait heureuse de jouer avec les autres petites filles que les religieuses instruisent. Ces enfants-là l'aimaient et ne la tourmentaient pas. Quand on lui mettait un petit béguin plissé, elle se croyait aussi parée qu'une reine; et quand on la menait à la messe, elle ouvrait de grands yeux, et trouvait cela si beau, qu'elle n'eût jamais voulu en voir la fin. Je ne sais pas s'il y a un règlement qui défendait à l'hospice de garder cette pauvre créature du bon Dieu ; mais quand même ça aurait été un abus de la garder, m'est avis qu'il y a tant d'autres abus plus mauvais dans ce monde, et peut-être même dans l'hôpital ! Ce qu'il y a de sûr, c'est qu'on ne voulait pas l'y garder. On en écrit à monsieur le préfet, et monsieur le préfet alloue, sur les fonds départementaux destinés aux aliénés, une petite somme pour l'entretien de Fanchette, sous la surveillance de l'hospice. On remet Fanchette à une de ces femmes qui prennent les enfants trouvés en pension. Mais Fanchette pouvait-elle comprendre que son devoir était de rester là ? Elle n'y compris rien. Elle décampa au bout d'une heure et revint trouver les petites filles, les bonnes sœurs et la belle grand'messe. On la renvoie chez la vieille, et, le soir, Fanchette de déguerpir et de rentrer à l'hospice. On essaye encore trois, quatre fois, peut-être plus : c'est peine perdue ; Fanchette court à l'hôpital comme les autres s'en sauvent. Force sera de la garder tout-à-fait.

« Or ça, dit la supérieure, que ferons-nous de cette Fanchette qui nous gêne et nous ennuie fort?

— Oui-da, dit quelqu'un, c'est bien simple : c'est un enfant qu'on est venu perdre exprès, on ne sait d'où, aux portes de l'hospice; c'est un sot cadeau qu'on nous a fait là.

— C'est une méchante niche de quelque autre congrégation, dit la sœur.

— Eh bien, reprend l'orateur du conseil (la plus forte tête de l'endroit, bien sûr), il faut la remettre où vous l'avez prise, sur la voie publique. On l'avait perdue, perdez-la. Elle est venue du bon Dieu, qu'elle retourne au bon Dieu.

— Amen ! firent les bonnes sœurs. Aussitôt fait que dit.

« Fanchette, veux-tu aller à la messe? » Fanchette saute de joie.

« Tiens, mets ton bonnet des dimanches. La servante va te conduire. » Qui fut bien contente? ce fut Fanchette. Il faisait grand jour; on ne pouvait pas la perdre au vu et au su de tout le monde. On lui fait traverser la ville, et celle qui la conduisait, n'y entendant peut-être pas malice, lui disait en passant devant les portes des maisons où elle connaissait du monde:

« Allons, Fanchette, dis donc adieu à Marguerite; dis donc adieu à Catherine. » Fanchette, qui de tout était contente, faisait signe de la tête et de la main, ne pouvant mieux dire, et s'en allait toujours à la messe, bien fière d'avoir un bonnet, et ne se tourmentant pas d'aller si loin chercher l'église des Capucins. Cependant les petites filles se disaient, sur le pas des portes, car il y a toujours une providence pour avoir l'œil ouvert sur les mauvaises actions :

« Tiens, Fanchette s'en va donc? Adieu, Fanchette; bon voyage? »

A la sortie de la ville, Thomas Desroys, le conducteur de la patache d'Aubusson, reçut Fanchette, qui monta sans défiance, toujours plus contente d'aller à la messe en voiture. « C'est drôle tout de même, se disait Thomas Desroys, de faire perdre comme ça un enfant. On m'a donné hier cinquante sous pour perdre un chien; aujourd'hui voilà cent sous pour perdre une fille. Si la moitié de la ville voulait s'arranger avec moi pour perdre l'autre, ça ferait assez mes affaires. »

La nuit venue, Thomas Desroys, fidèle à sa consigne, arrête sa patache à Chaussidon, un endroit tout désert, dans la Marche, à deux lieues d'Aubusson. « Fanchette, nous voilà à la messe; descends vite pour voir passer les prêtres. » Fanchette descend en confiance

Thomas Desroys remonte, fouette ses chevaux, et laisse Fanchette toute seule, au milieu de la nuit, sur un chemin, sans un sou vaillant, avec ses quinze ans, pas de langue pour parler, mais bien avec ses pauvres yeux pour pleurer.

Au bout de quelque temps, le jeune médecin qui avait recueilli la pauvre innocente s'étonne de ne point la voir, et demande ce qu'elle est devenue.

« Elle est par ici, elle est par là; vous la verrez tantôt, un autre jour. »

Il fallut pourtant bien s'expliquer. Les petites filles de la rue des Capucins se souvenaient d'avoir dit adieu à Fanchette, et ce n'est pas bien aisé d'empêcher les petites filles de causer. La servante n'avait peut-être pas, d'ailleurs, la conscience bien tranquille, ni Thomas Desroys non plus. Tout fut avoué, et les religieuses mêmes, pensant que Fanchette était bien perdue, ne se gênèrent pas trop pour en convenir.

Sur ces entrefaites, notre maire, qui est aussi notre député, comme vous savez, arrive de Paris. Instruit par la clameur publique, il veut interroger et connaître les coupables. Personne ne se soucie de répondre; car on commence à comprendre que ce n'est pas si joli de perdre un enfant sur un chemin, et que si un pauvre avait fait pareille drôlerie, on pourrait bien parler des galères pour lui apprendre à vivre. Mais le maire insiste, et va aux preuves. Enquête est dressée, d'où il résulte que Thomas Desroys a reçu, de ses supérieurs, ordre de perdre une petite fille; que lesdits supérieurs, maîtres de poste et entrepreneurs de diligence, ont donné cet ordre, à la requête de la supérieure de l'hospice, laquelle en a reçu le conseil des membres les plus influents du conseil d'administration. Les gens de la poste disent qu'ils ont trouvé la commission désagréable, mais que la supérieure a levé leurs scrupules en leur disant que l'enfant ne serait pas inscrit sur la feuille du départ des voyageurs. La supérieure dit qu'elle n'eût pas pris l'affaire sur elle, si son administrateur ne lui eût grandement conseillé. Les autres membres du conseil disent que c'est une misère; qu'il est ridicule de relever une pareille affaire; que c'est vouloir faire du scandale, chercher à déconsidérer des gens respectables, vu qu'ils sont riches et ont la main longue; qu'enfin ils sont résolus à

s'en taire, dans l'intérêt des mœurs,
et pour la plus grande gloire de
Dieu. Le conseiller, le père de l'idée, fait celui qu'on outrage et
qu'on calomnie. Il menace de faire
du train, de déshonorer la mairie.
Notre maire, qui n'en a cure, poursuit l'enquête. Il n'y a que Thomas Desroys qui n'y mette pas
tant de façons : il a reçu cinquante sous de plus que pour le chien.

D'une main, le maire pousse à
la réparation de la justice, et l'on
pourrait bien dire, sans trop s'avancer, que c'est la justice de Dieu
qui est en cause dans cette affaire-
là ; de l'autre main, il fait cher-

cher Fanchette : mais Fanchette a été si bien perdue, que depuis tantôt trois mois on n'en a pas eu de nouvelles. Personne n'en a ouï parler à Aubusson. On écrit de tous les côtés, pas plus de Fanchette que de poursuites contre l'hospice. Le procureur du roi et le sous-préfet ont reçu la plainte, et ne disent mot. Tous les honnêtes gens de la ville (vous savez, parrain, que les riches et les gens en place portent ce nom-là depuis la révolution) disent qu'il faut cacher ça. Oh! si vous, ou moi, ou mon voisin Jarvois, ou Marcasse, en eussions fait tant seulement la moitié, il n'y aurait pas assez de gendarmes, assez de geôliers, assez de témoins, assez de jugements, assez de lois, assez de prisons pour nous prendre, nous condamner et nous châtier. Je ne dis pas que ce serait mal fait ; mais peut-être que ce n'est pas bien fait non plus de ménager tant les uns, quand on houssine si bien les autres. Je ne suis pas tracassier, je ne veux de mal à personne; je sais bien que quand on punirait tous les méchants, on ne rendrait pas l'honneur et la vie à ceux qui les ont perdus par leur fait : mais enfin, je me sens la tête un peu échauffée et le cœur plus gros qu'il ne faut pour l'avoir léger, quand j'entends dire qu'on doit cacher les fautes de ceux que rien n'arrête. Puisqu'il n'y a pas de justice pour eux, à la bonne heure ; mais on ne peut pas nous empêcher de blâmer, et, mordienne ! je blâmerai jusqu'à mon dernier jour ceux qui font perdre un enfant comme un chien.

Tant qu'à Fanchette, Dieu en aura-t-il eu plus de pitié que l'hospice ? Il est dit qu'à brebis tondue Dieu ménage le vent. Mais la nuit, dans les brandes, il y a bien des marécages où un enfant qui n'a pas pour deux liards de connaissance peut se noyer. Sans compter qu'il y a encore pire la nuit sur les chemins. Il y a de mauvaises gens qui, en trouvant là une fille de quinze ans toute seule, ne lui demandent ni son extrait de naissance ni ses autres certificats pour la mettre à mal. Vous voyez bien le sort de Fanchette? Eh bien! faites-vous une idée de Fanchette devenant mère, et figurez-vous un peu maintenant le sort de l'enfant que Fanchette mettrait au monde! Non, ça n'est pas bien d'avoir livré Fanchette aux vagabonds du chemin et aux loups de la brande. Ça n'est pas chrétien, ça n'est pas humain; c'est peut-être administratif, je n'en sais rien; mais je ne voudrais pas l'avoir fait, quand même on me donnerait quinze mille livres de rente, et le titre de maire par-dessus le marché. Ma pauvre femme en pleure de honte, et elle m'en veut de n'avoir pas été chercher Fanchette au pré Burat avant qu'on l'ait conduite à l'hospice. Votre commère en lève sa béquille de colère, et dit qu'il faut vous conter ça. L'administrateur de l'hospice, qui a donné ce joli conseil, avait ici une bonne place du gouvernement. Tout au milieu de cette belle affaire, que le gouvernement ait su ou n'ai pas su son fait, on l'a retiré d'ici pour l'envoyer dans une autre ville, comme receveur particulier des finances, avec de l'avancement, s'il vous plaît, deux ou trois mille livres de profits de plus sur sa charge, à ce qu'on dit.

Et nous, bonnes gens, la morale de la chose est que si nous ne réussissions pas à élever nos enfants, si nous mourons à la peine, si nous en laissons d'infirmes ou en bas âge sur les bras de la charité publique, à la porte des hospices, voilà les appuis qu'ils trouveront dans ce monde; voilà comme les administrations de la prévoyance publique veilleront à leurs besoins; voilà comme les congrégations chrétiennes veilleront sur leurs mœurs. Dieu du ciel et de la terre! cela ne fait-il pas dresser les cheveux sur la tête?

Par ainsi, mon parrain, je prie Dieu de vous avoir en sa sainte et digne garde, ainsi que toute votre famille, et qu'il vous reçoive au ciel droit comme une gaule. Quant à ceux de l'hospice, on peut bien leur promettre, comme dit l'autre, qu'ils iront droit comme une faucille.

BLAISE BONNIN,
Laboureur, adjoint à Montgivret,
Près la Châtre, Indre.

COMMUNICATION

AU RÉDACTEUR EN CHEF

DE LA REVUE INDÉPENDANTE.

Chargé par mon voisin Blaise de
faire passer cette lettre à son parrain Claude, et prié par lui d'en
corriger les fautes d'orthographe,
j'ai pensé, mon cher monsieur, que

l'histoire révoltante et douloureuse dont elle contient le récit ingénu ne devait pas rester enfouie dans la correspondance de ces deux campagnards illettrés, et, à coup sûr, fort mal placés pour lui donner la publicité qu'elle réclame. Frappé de cette anecdote à peine croyable, j'ai voulu aller aux preuves, et j'ai acquis la certitude qu'elle était si exactement vraie, que je pouvais m'en faire l'éditeur responsable. J'ai reproché à mes amis, témoins quasi oculaires de tous les faits, de n'avoir pas demandé à l'opinion publique la justice que les tribunaux semblaient refuser à ce crime de lèse-charité et de lèse-humanité. Ils m'ont répondu que leur déclaration avait été rédigée et envoyée au *Siècle* et à deux autres journaux qui avaient dédaigné de l'insérer, et au *National*, qui l'avait insérée, tronquée et affaiblie, en présentant, sous la forme du doute, ce qui était affirmatif. Je conçois la répugnance d'un journal à endosser la garantie d'un fait si étrange, si révoltant et si invraisemblable, et je sais que la vie de Paris et les préoccupations de la presse quotidienne ne laissent guère de place aux soins d'un plus ample informé. Je conçois également les répugnances de mes amis de la Châtre à poursuivre d'une si terrible accusation les représentants d'une opinion qui leur est hostile : non que l'égide de la doctrine conservatrice fût pour eux un épouvantail ; mais en province on est facilement soupçonné de rancune particulière et de prévention personnelle, sur le terrain dangereux des opinions politiques. Je suis tellement en dehors des partis, les conservateurs et les fonctionnaires de ma province me sont tellement inconnus ; je suis si étranger, en un mot, à toute amertume, à toute discussion, à tout ressentiment, que s'il me fallait citer les noms des coupables, je serais forcé de les prendre par écrit; je ne les connais pas, ou je les ai oubliés. Dans cette position, j'ai assumé, sans scrupule, sur moi seul le devoir de révéler de nouveau à l'opinion publique les faits inouïs dont témoigne un procès-verbal d'enquête dressé par le commissaire de police et déposé à la mairie de la ville. Trois mois se sont écoulés, sans que le procureur du roi ait encore voulu donner suite à cette enquête, et le sous-préfet est resté jusqu'à présent impassible devant des faits dont le contrôle cependant lui appartient aussi.

De tous nos magistrats, M. Delavault, maire et député de la Châtre, a seul fait son devoir, mais non entièrement encore; car lui seul est en position de demander réparation pour la morale publique outragée; et nous comptons bien qu'il ne se contentera pas des explications des membres du bureau de l'hospice, dont l'avis général a été d'étouffer l'affaire. Ce magistrat honorable et ces citoyens trop timorés reconnaîtront que leurs véritables devoirs ne sont pas le respect des personnes, mais celui des mœurs et de la foi publique. Les membres du bureau de l'hospice, recrutés probablement parmi des personnes réputées intègres et recommandables, auraient de graves reproches à se faire s'ils acceptaient la responsabilité du rapt de Fanchette. Plusieurs de ces citoyens, peut-être tous, sont pères de famille. Quelle serait leur terreur si, frappés de ces désastres qui font tache dans les familles, ils trouvaient dans le public le même dédain pour leurs plaintes, le même mépris pour leurs douleurs, la même tolérance pour les ravisseurs de leurs enfants! Qu'ils ne se fient point trop sur ce qu'une certaine position de considération et de fortune les met à l'abri de malheurs analogues. Il y a des malheurs comparés qui n'en sont pas moins graves; il y a des rapprochements qu'on dirait être des châtiments célestes. D'autres personnes encore sont en cause dans cette aventure. Un soupçon pénible, et peut-être un blâme sévère, pèse sur les entrepreneurs des diligences. Mais on a peine à croire que, pour commettre un crime, on puisse réunir si aisément et si gratuitement tant de complices. Il faut donc que ces entrepreneurs aient été trompés. On a dû leur faire croire que la malheureuse Fanchette avait l'intelligence nécessaire pour se tirer des dangers auxquels on l'abandonnait; on a dû invoquer, pour vaincre des répugnances dont l'aveu est consigné dans l'enquête, des ordres supérieurs. Il y a eu dans tout cela je ne sais quelle trame honteuse qu'il appartiendrait aux débats de dévoiler, et que les accusés secondaires auraient intérêt, sans doute, à révéler à la justice.

Quant à moi, je suis assez du caractère de Blaise Bonnin; comme lui, peu amateur de châtiments matériels, je crois davantage à l'effet des sentences de l'opinion sur de telles matières; et quoique je haïsse ce rôle d'exécuteur des hautes œuvres morales, quoique je ne le sente fait à ma taille en aucune façon, je l'accepterais sans hésiter, si j'avais mandat pour le faire.

Certain de trouver dans votre *Revue* autant de courage et d'impartialité qu'il m'en faut à moi-même pour remplir ma triste mission, je vous confie la publication de cette courte et trop véridique histoire, tout en vous demandant pardon d'entretenir vos lecteurs, aujourd'hui, d'un roman si peu poétique et si peu agréable.

Je vous en fournirai cependant le dénoûment. Avant-hier, une lettre de la mairie de Riom (Cantal) a donné avis à la mairie de la Châtre de la réapparition de la pauvre

Fanchette sur la scène sociale. Elle a été reconnue sur son signalement, et arrêtée au milieu d'une troupe de bateleurs ambulants, dont elle avait l'honneur de faire partie. On la renvoie à l'hospice de la Châtre, *de brigade en brigade*, c'est-à-dire de prison en prison, sur quelle litière et dans quelle compagnie, hélas ! N'y a-t-il pas des destinées qui serrent le cœur ? et l'auteur ingénieux et généreux des *Mystères de Paris* a-t-il exagéré l'horreur des misères et des humiliations du pauvre et du déshérité ? Dans quel état de souillure et d'abjection l'infortunée Fanchette va-t-elle être ramenée chez les sœurs de l'hôpital? Le venin de la prostitution n'est-il pas déjà dans les veines de cette créature innocente dans l'infamie, puisqu'elle est privée de la connaissance du bien et du mal? Dira-t-on que chacun doit se garder soi-même, et que la société n'a point de devoirs à remplir envers ceux qui ne comprennent pas la notion du devoir? Non, personne ne le dira. Il n'est pas une mère, dans ces heureuses classes où l'honneur est si précieusement gardé, et la pudeur si tendrement protégée, qui ne sente son cœur ému de douleur et d'indignation à l'idée des misères de Fanchette. N'y a-t-il pas aussi quelque réflexion à faire, après toutes celles que le dix-huitième siècle et le nôtre ont formulées sur l'immoralité du célibat, à propos de la conduite inhumaine de la supérieure de l'hospice? Pour qu'un tel conseil puisse être accueilli dans le sein d'une femme vouée par vocation, peut-être, et par habitude, sans doute, aux œuvres de charité, il faut l'inspiration secrète d'une perversité maladive ou l'âcreté chagrine d'une de ces aversions de femme à enfant, comme il s'en rencontre surtout chez les vieilles filles.

Au milieu d'un tel abandon de toutes les protections naturelles, legitimes et sacrées, on est forcé de se réfugier dans l'idée peut-être, hélas! beaucoup trop romanesque, que Fanchette a pu trouver, par hasard, chez les bohémiens, ces parias de la civilisation, l'hospitalité, la charité, le respect que notre société et notre religion officielle lui ont si étrangement déniés. Qui sait si Dieu, qui voile sa face aux parisiens, n'a pas étendu sa main paternelle sur la paille où elle a dormi pendant trois mois pêle-mêle avec l'immonde famille des Zingari? Funeste société que celle où l'enfant abandonné n'a pas de secours plus explicite, plus immédiat que l'austère et mystérieuse protection du ciel ! O Providence ! daignez-vous faire des miracles pour ceux que vous frappez d'impuissance dans le berceau, et dont la destinée se traîne sur la boue des chemins ? Détournez-vous des traces de la vierge et de l'orpheline l'infâme vieille qui trafique de l'enfance, et qu'on voit errer le soir dans les carrefours à la faveur des ténèbres, guettant l'innocence et la faiblesse pour les corrompre, les violenter, et les livrer tremblantes ou perverties au riche, au père de famille, au magistrat même des petites villes ? les petites villes ! ces antres de corruption, où l'intimidation assure l'impunité au vice et au crime tout autant qu'à Paris le mystère !

Détournons les yeux de ces spectacles d'iniquité, et prions Dieu pour les faibles, puisque les hommes sont sourds.

LETTRE

De Monsieur le procureur du roi de la Châtre

AU DIRECTEUR DE LA REVUE INDÉPENDANTE.

La Châtre, le 9 novembre 1843,

Monsieur le directeur,

Vous avez, dans un des derniers numéros de votre journal, inséré un article signé *George Sand*, dans lequel l'auteur s'empare d'un fait déplorable, sans doute, mais qui est loin cependant d'avoir la gravité qu'il lui attribue, pour en faire l'objet de reproches injustes contre plusieurs fontionnaires de cette ville.

Voici, au surplus, l'évènement, si étrangement rapporté par cet écrivain. Il importe tout d'abord de lui restituer son véritable caractère.

Dans le cours du mois de juillet dernier, une jeune fille, presque idiote, qui avait été précédemment reçue à l'hospice de la Châtre, auquel elle avait alors cessé d'appartenir, et où elle était cependant revenue, disparut subitement. La sœur supérieure, non en vue de faire perdre cette malheureuse, comme on l'a dit, mais, au contraire, dans l'espoir, en la renvoyant aux lieux d'où elle paraissait être venue, de lui faire retrouver sa famille, l'avait fait transférer, par la voiture publique, aux environs d'Aubusson; et là, elle avait été déposée et recueillie dans une maison voisine.

Après y avoir résidé pendant plusieurs jours, cette jeune fille s'enfuit, et parvint à se soutraire, pendant quelque temps, à toutes les recherches de l'autorité locale.

Tels sont, dans toute leur simplicité, les faits, et les réflexions qu'ils suggèrent à l'auteur de l'article ne sont ni justes ni fondées.

Le procureur du roi de la Châtre, dit-il, en est demeuré témoin impassible. Une pareille assertion est en tous points inexacte.

Les démarches les plus actives ont été, au contraire, faites par le parquet de la Châtre, et pour retrouver la jeune fille, et pour faire punir les coupables (si coupables il y avait).

Une instruction a été provoquée, une enquête a eu lieu; toutes les investigations de la justice ont été appelées, et sur la conduite de la sœur supérieure et sur celle des agents qui auraient pu lui prêter leur concours; et le tribunal, après avoir donné à cette affaire tous ses soins, a rendu, le 13 septembre dernier, une ordonnance de non-lieu; preuve manifeste que les faits incriminés n'étaient pas entourés des circonstances odieuses, dont on s'est plu à les revêtir. Ils avaient, d'ailleurs, été appréciés de la même manière par monsieur le procureur du roi d'Aubusson, dont l'attention avait été également appelée sur le même objet.

Ce n'est pas tout : aux recherches incessantes du parquet de la Châtre on doit d'avoir retrouvé cette jeune fille; et c'est par mon ministère qu'elle a été réclamée et réintégrée provisoirement à l'hospice de la Châtre, où elle est encore en ce moment. Elle avait été arrêtée, le 18 août dernier, dans l'arrondissement de Riom, comme se livrant à la mendicité, et placée, peu de temps après, à l'hospice de cette ville.

Telle est l'exacte vérité, appuyée sur pièces justificatives, dont je déclare publiquement me porter garant. Que l'auteur veuille bien maintenant mettre en regard de ce simple exposé l'histoire incroyable dont son article contient le récit, et qu'il dise, j'en appelle à sa conscience, s'il ne s'est pas fait l'éditeur responsable d'un roman.

Je vous prie et vous requiers, au besoin, monsieur le directeur, de vouloir bien insérer cette lettre dans votre plus prochain numéro.

Recevez, monsieur, l'assurance de mes sentiments distingués.

Le procureur du roi de la Châtre,

ROCHOUX.

RÉPONSE

à **Monsieur** le procureur du roi

de la **Châtre**.

Vous avez tort, et grandement tort, Monsieur, de vouloir assumer sur vous en particulier un reproche qui ne pesait sur vous que collectivement, et dont certes vous ne portiez pas la plus grosse part. Mon Dieu, que faites-vous là ? Vous faites un appel à ma conscience, et vous mettez à nu le fond de la vôtre, et vous me forcez d'y plonger un regard sévère, moi qui eusse voulu n'y supposer que des torts, sinon pardonnables, du moins réparables ; oubli, nonchalance, légèreté de jeunesse, préoccupation. Au lieu de cela, vous dirai-je ce que je pourrais y voir maintenant si je ne cherchais à vous excuser, et s'il ne me peinait pas profondément de condamner un jeune magistrat et un compatriote ?

Mais il est donc écrit au ciel

que, dans le temps où nous vivons, toute indulgence est impossible ou coupable ? Vous voilà descendu sur une arène où je ne vous vois pas sans chagrin faire vos premières armes pour une si triste cause. Vous provoquez de nouvelles explications devant le public; vous m'appelez en champ clos par un démenti que je ne puis pas accepter; non qu'il m'atteigne, non qu'il me blesse, mais parce que l'on ne peut pas reculer quand on s'est mis sur la trace de la vérité. Il y a eu, de la part des autorités de la Châtre, menace de poursuites contre l'auteur de *Fanchette*. L'auteur de *Fan-*

chette n'a rien à redouter d'un tribunal qui serait juge et partie. Il sait bien que ces menaces sont d'amicales tentatives d'intimidation qu'on rougirait trop d'exécuter, et qu'en le faisant, on provoquerait des éclaircissements qui donneraient trop d'éclat et de force à la vérité de ses assertions, à la réalité scrupuleuse du *roman* de Fanchette. Ainsi donc, Monsieur, je ne regarderai pas votre lettre à *la Revue indépendante* comme un piége tendu à ma bonne foi; un procureur du roi est trop haut placé pour descendre au rôle d'agent provocateur. J'accepterai la discussion, et je vous répondrai comme vous m'interpellez, en toute simplicité.

Vous commencez par avouer que le fait dont je me suis *emparé* est *déplorable* sans doute. Non, je ne me suis pas emparé du fait; c'est le fait qui s'est emparé de moi, et qui m'a bouleversé le cœur et l'esprit; comme le même fait s'empare de vous et vous force à le qualifier tout d'abord de *déplorable*. Je n'ai pas besoin, moi, de faire ici un appel à votre conscience. Je vois bien qu'elle est émue, bourrelée, et que le premier mot qui s'échappe de votre plume proteste naïvement contre tout ce qui va suivre. Je ne doute pas de vous en ceci; j'aime à vous rendre justice.

Vous prétendez pourtant que j'ai rapporté *étrangement* un évènement auquel vous vous faites fort *de restituer son véritable caractère.* Eh bien, je vais reprendre mon récit et le résumer, pour le mettre en regard du vôtre, et vous verrez que votre apologie des coupables est la confirmation même de mon accusation. Il n'y a que la manière d'apprécier le fait qui diffère essentiellement entre vous et moi. Vous ne trouvez rien d'*odieux* dans cette aventure (*déplorable*); moi j'y vois un crime, un crime pour lequel il faut inventer un nouveau nom, *l'innocenticide.*

J'ai dit qu'une jeune fille idiote... vous dites *presque idiote* ; je dis tout-à-fait idiote, idiote au point de ne savoir pas parler, bien qu'elle ne soit ni sourde ni muette; idiote au point de ne pouvoir dire ni qui elle est, ni d'où elle vient, ni ce qu'elle veut. Il ne faut pas être idiote à demi pour être privé de la notion de son être, de l'appréciation de son individualité. Mais passons. Si j'eusse voulu faire un roman, comme vous me le reprochez sans malice, je suppose (vous savez bien que c'est mon métier, et nul ne rougit du sien); j'eusse peint

Fanchette moins idiote qu'elle ne l'est en effet. Cela l'eût fait plus intéressante pour mes lecteurs. Voilà une belle héroïne de roman que la pauvre Fanchette, avec sa bouche béante et ses yeux hagards! Ce serait d'une pauvre invention.

La tout-à-fait idiote Fanchette, trouvée au pré Burat, comme je l'ai dit, amenée à l'hospice par le docteur Boursault, et acceptée sur un billet d'entrée de ce médecin, enfin placée chez la mère Thomas, par la femme Landat, qui fait profession de caser les enfants trouvés et abandonnés (les *champis*, comme nous disons dans notre bon vieux langage.); Fanchette revenant à l'hôpital par suite de son idiotisme qui l'empêchait de comprendre le dégoût qu'elle y inspirait, disparut un beau matin sans être munie de l'*exeat* du médecin attaché à l'hospice (M. Boursault), formalité exigible et dont on sut fort bien se passer.

Voilà ma version. Moins prolixe que moi, car vous avez l'honneur de n'être pas *écrivain* de profession, vous dites simplement que Fanchette, *ayant cessé de faire partie de l'hôpital, et y étant revenue*, DISPARUT SUBITEMENT. Disparaître subitement, ce n'est pas s'en aller naturellement, ce n'est pas être *trans-*

féré régulièrement dans un nouvel asile, ce n'est pas se retirer en règle, muni de l'*exeat* du médecin, de la sanction des administrateurs, et de l'ordre de monsieur le préfet; enfin, disparaître subitement, c'est s'enfuir, se suicider, être enlevé ou assassiné. Si monsieur le procureur du roi, monsieur le sous-préfet ou monsieur le curé venaient à disparaître subitement, il y aurait un peu plus d'émoi dans la ville, et pour cause. Cependant personne ne doit disparaître subitement, sans que, subitement aussi, les autorités locales ne s'enquièrent de l'individu supprimé. Enfin, nul d'entre nous, quelque idiot qu'il puisse être, n'a le droit de disparaître subitement; monsieur le procureur du roi le sait bien.

L'enquête du commissaire de police dit, et je dis avec l'enquête, que Fanchette *disparut* dans les premiers jours de juillet; car l'enquête, datée du 31 juillet, porte par trois fois, pour date de l'évènement : *Il y a environ un mois* ; vous dites que cela se passa dans *le courant du mois* : nous sommes à peu près d'accord sur les dates. Le tribunal a rendu son ordonnance de non-lieu le 13 septembre. Fanchette a été retrouvée le 18 août; elle n'a été perdue que pendant six semaines environ. Ce n'est pas assez apparemment pour exposer ses mœurs et ses jours. Le tribunal n'a recherché et absous les délinquants qu'au bout de deux mois et demi ; il n'y a pas mis d'indiscrète précipitation. Nous sommes d'accord, vous dis-je, monsieur le procureur du roi.

Je reprends mon enquête, tirée du *roman* de monsieur le commissaire de police, de la déposition éminemment romanesque de Thomas Desroys, le conducteur de diligence (Blaise Bonnin a écrit patache par vieille habitude), et des réponses de deux femmes, maîtresses de poste, qui ont aussi l'entreprise des diligences de notre endroit. « *L'une de ces dames fut appelée à l'hospice par la sœur supérieure ; et s'y étant rendue, la supérieure lui dit que des étrangers, sans doute, avaient abandonné en cette ville une jeune fille, âgée d'environ quatorze ou quinze ans, qui était* PRIVÉE DE SES SENS INTELLECTUELS, *et qu'on en avait doté l'hospice ; que, pour s'en décharger elle-même, elle voulait user d'un semblable moyen ; que, conséquemment, il fallait la placer dans la voiture qui partait pour Aubusson, avec recommandation au conducteur de s'en* DÉBARRASSER *avant d'arriver à Aubusson, en l'*ABANDONNANT *sur la route ; que, pour que per-*

sonne ne s'aperçût de cela, elle la ferait conduire par une servante sur la route, hors ville, ce qui fut accepté par madame***. Ces deux dames ajoutent que ce ne fut qu'avec une extrême répugnance qu'elles acceptèrent une semblable mission ; mais qu'en vertu du caractère de la supérieure, elles se rendirent à sa demande EMPRESSÉE (1) !

---

(1) *Copie de l'enquête faite à la diligence de monsieur le maire de la Châtre, par le commissaire de police de cette ville.*

L'an mil huit cent quarante-trois, le trente-et-un juillet.

Nous, commissaire de police de la ville de la Châtre (Indre), en vertu de la lettre de monsieur le maire, en date d'hier, qui nous ordonne de procé-

On ne peut pas être plus explicite. Laissons parler Thomas Desroys et la plume *romanesque* de

der à de nouvelles investigations sur les faits et circonstances qui ont précédé, accompagné ou suivi l'exposition d'une jeune fille étrangère et idiote, qui avait été arrêtée par nos soins, il y a environ un mois, et qui, par suite, fut placée en l'hospice de cette ville ; obtempérant à cet ordre, et ayant appris que cette enfant avait disparu et était partie par la voiture de M. Chauvet, maître de poste, nous nous sommes transporté à son bureau, et y avons trouvé les dames Chauvet et Gazonneau, lesquelles, sur nos interpellations, nous ont déclaré et affirmé, notamment la dame Gazonneau, qu'il y avait environ un mois, elle fut appelée à l'hospice de cette ville par la sœur supérieure ; qu'y étant rendue, cette dernière lui dit que des étrangers, sans doute, avaient abandonné dans cette ville une jeune fille âgée d'environ quatorze à quinze ans, qui était pri-

monsieur le commissaire de police. *Il nous a déclaré qu'au moment de partir pour Aubusson, il y*

vée de ses sens intellectuels, et qu'on en avait doté l'hospice ; que, pour s'en décharger elle-même, elle voulait user d'un semblable moyen ; que, conséquemment, il fallait la placer dans la voiture qui partait pour Aubusson, avec recommandation au conducteur de *s'en débarrasser avant d'arriver à Aubusson, en l'abandonnant sur la route ;* que, pour que personne ne s'aperçût de cela, elle la ferait conduire par une servante sur la route, hors ville ; ce qui fut accepté par madame Gazonneau. Ces deux dames ajoutent que ce ne fut qu'avec une extrême répugnance qu'elles acceptèrent une semblable mission, mais qu'en vertu du caractère de la supérieure, elles se rendirent à sa demande empressée.

Nous avons aussi interrogé le nommé Thomas Desroys, conducteur, attaché à l'administration de

avait environ un mois, madame*** (la maîtresse de poste) lui dit : Vous trouverez sur la route, au

M. Chauvet, maître de poste. Il nous a déclaré qu'au moment de partir pour Aubusson, il y avait environ un mois, madame Gazonneau lui dit : « Vous trouverez sur la route, au sortir de la ville, « une petite fille qui est idiote, conduite par une « servante de l'hospice de la Châtre ; elle ne figu- « rera pas sur la feuille, c'est une enfant qu'on « veut perdre. Ainsi, quand vous serez environ à « une lieu d'Aubusson, vous la ferez descendre de « voiture, et l'abandonnerez sur la route. » Qu'en effet, arrivé près d'un village appelé Chaussidout, à une lieue d'Aubusson, il la fit descendre de voiture, l'abandonna, et suivit ponctuellement les ordres qui lui avait été donnés.

La Châtre, les jours, mois et an que dessus.

Le commissaire de police,

Signé BOUYER.

sortir de la ville, *une petite fille qui est* IDIOTE, *conduite par une servante de l'hospice de la Châtre. Elle ne* FIGURERA PAS SUR LA FEUILLE. C'EST UNE ENFANT QUE L'ON VEUT PERDRE. *Ainsi, quand vous serez environ à une lieue d'Aubusson, vous la ferez descendre de voiture et l'abandonnerez sur la route: qu'en effet, arrivé près d'un endroit appelé Chaussidout, à une lieue d'Aubusson, il la fit descendre de voiture, l'abandonna, et suivit ponctuellement les ordres qui lui avaient été donnés.*

Voilà la première enquête. Chacun sait que les premières dépositions sont les bonnes. On n'a pas eu le temps de se consulter, d'être influencé, de comprendre et de redouter les conséquences du fait. On est frappé comme de la foudre, on dit la vérité sans détour. Et pourquoi Thomas Desroys aurait-il reculé? Il n'a peut-être pas, lui non plus, un grand développement de ses sens intellectuels. Il a obéi consciencieusement, *ponctuellement* à l'ordre de ses supérieurs. Et pourquoi les dames de l'administration des voitures auraient-elles hésité à rejeter le blâme sur qui de droit? Elles avaient *extrêmement répugné* à obéir, et *le caractère de la supé-*

rieure avait pu seul les rassurer.

Qu'on y fasse attention, ce n'est plus Blaise Bonnin, ce n'est plus George Sand, c'est le commissaire de police, dont le *roman* officiel marche côte à côte avec celui que monsieur le procureur du roi veut bien nous offrir. Ce dernier roman, plus concis et plus rapide, est certainement le mieux fait des deux. Celui de monsieur le commissaire de police est simple et rude comme le fait; celui de monsieur le procureur du roi est tissu avec plus d'art. Il glisse sur les faits, et développe les intentions. Il entre dans la pensée des personnages, et leur accorde un acquittement de tendance, comme autrefois on faisait des procès de tendance. « *La sœur supérieure, dit-il, non en vue de faire perdre cette malheureuse comme on l'a dit* (comme les déposants l'ont dit au commissaire de police, comme la supérieure l'a dit aux déposants, comme le commissaire de police l'a consigné dans l'enquête, comme tout le monde le sait, et comme Blaise Bonnin et George Sand l'ont répété); *mais au contraire dans l'espoir, en la renvoyant aux lieux d'où elle paraissait être venue, de lui faire retrouver sa famille, l'a-*

vait fait transférer par la voiture publique aux environs d'Aubusson, et là, elle avait été déposée et recueillie dans une maison voisine.

J'aime cette rédaction, elle a certainement plus de goût et de délicatesse que les réponses brutales de Thomas Desroys. Mais le fait reste le même, la rédaction n'y fait rien. La narration de monsieur le procureur du roi résulte sans doute d'une nouvelle enquête provoquée par lui six semaines après celle du commissaire de police, et des réponses de madame la supérieure (si tant est qu'on l'ait interrogée). Ainsi madame la supérieure s'est pleinement justifiée en déclarant qu'elle avait eu l'ESPOIR de rendre Fanchette à sa famille. Mais cette supposition d'une famille à la pauvre idiote était un peu gratuite, puisque Fanchette a disparu de Chaussidout comme elle avait disparu de la Châtre, enlevée, soit par des bohémiens, soit par d'autres religieuses, toujours pour l'aider apparemment à retrouver sa famille. Si l'enquête du tribunal a constaté que Fanchette avait été déposée et recueillie dans une maison voisine, et qu'il y eût en effet une maison voisine du théâtre du crime, c'est un remords de conscience, un bon mouvement de Thomas Desroys; je l'en remercie de tout mon cœur. On a déjà vu cela dans bien des fables et dans bien des romans. OEdipe, Romulus, Cyrus, Geneviève de Braban, beaucoup de héros de l'antiquité, beaucoup d'héroïnes des contes de fées, ont été confiés à des écuyers, à des soldats, à des bourreaux chargés de les noyer, de les égorger ou de les perdre, et presque toujours ces honnêtes scélérats, ces meurtriers sensibles, émus de compassion ou saisis de remords, ont abandonné au hasard les victimes condamnées à périr, ou donné à des bergers celles qu'il leur était enjoint de laisser à la merci des flots, des brigands et des bêtes sauvages. On a vu même, dans ces poétiques histoires, les louves et les biches se mettre de la partie, et allaiter les enfants perdus ; ce qui ne prouverait autre chose, sinon que les brutes son moins cruelles que les hommes, et que, pour parler le langage de Blaise Bonnin, les valets ne sont pas si pires que leurs maîtres.

Enfin, je voudrais, pour l'honneur d'un homme du peuple, et pour la satisfaction de nos cœurs, monsieur le procureur du roi, que Thomas Desroys eût manqué à sa consigne; qu'il eût cherché une maison, qu'il en eût trouvé une dans l'endroit désigné (vous vous êtes sans doute rendu sur ces lieux pour voir si, par hasard, ce ne serait pas un bois, ou une lande déserte?); enfin, qu'on eût consenti à y recueillir la pauvre Fanchette : mais les premières dépositions de Thomas Desroys ne font mention ni de cette maison, ni de ces gens hospitaliers. Il faut que le doux Thomas ait eu bien peur d'être grondé pour sa désobéissance, ou qu'il soit modeste et chrétien au point de ne pas vouloir laisser soupçonner ses bonnes actions. Vous lui avez peut-être arraché enfin, cet aveu ; vous avez bien fait. Vous y avez cru; vous le reconnaissez donc pour un homme sincère et craignant Dieu : donc il n'avait pas menti dans la première enquête, en déclarant qu'il lui avait été ordonné d'ABANDONNER, DE FAIRE PERDRE UN ENFANT? Et sans doute, il ne s'est pas rétracté sur ce point dans la seconde enquête que vous avez provoquée, et que nous ne connaissons point, mais que vous promettez de nous mettre sous les yeux.

Eh bien, monsieur le procureur du roi, c'est là ce que nous vous demandons, pas autre chose ; des explications, une justification de l'impunité garantie jusqu'ici par le tribunal à un fait qui nous a paru à tous si énorme. Pensez-vous que nous ayons à nous réjouir et à triompher si, malheureusement, l'enquête du commissaire de police est véridique, si les témoins n'ont pas menti dans leur première déposition, si la clameur publique est fondée, si le maire a été sage de provoquer cette enquête, si notre indignation est juste et nos plaintes raisonnables? Hélas! non, nous serons tous tristes, vous, moi, les magistrats, les fonctionnaires, les coupables, les témoins et le public. Tout le monde sera consterné, humilié de voir l'humanité si perverse, la religion si avilie, la faiblesse si délaissée, la misère si méprisée ; aucun de nous ne chantera victoire, croyez-le bien. Eh! vous le savez ! vous savez bien que nous ne sommes pas des hypocrites ; vous savez bien que nous n'aimons pas plus que vous le scandale inutile ; vous savez bien que l'écrivain qui vous répond n'a jamais fait de déclamation contre les personnes, ni d'opposition, ni de politique en un mot. Pourquoi voulez-vous en faire à propos d'un fait si étranger à la politique ? Pourquoi essayez-vous d'atténuer l'horreur d'un crime, vous dont la mission est de poursuivre et de punir le crime, tandis que la nôtre, à nous, serait de gémir quelquefois sur la rigueur des lois et le torts des coupables? Ce rôle, que vous prenez aujourd'hui, n'est pas dans les devoirs de votre position. Aucune influence supérieure ne peut vous l'avoir dicté, et vous vous révolteriez contre une pareille influence, si elle existait.

N'hésitez donc pas à apaiser l'indignation douloureuse qui s'est emparée de vos concitoyens, et donnez-leur des explications satisfaisantes de l'indulgence du tribunal ; ils les accepteront avec reconnaissance, ils seront heureux de n'avoir plus personne à accuser, et moi tout le premier, je dirai avec joie à mes lecteurs : « Oui, c'était un roman ; j'avais été trompé. Ne prenez pas *Fanchette* pour une histoire véritable, grâce à Dieu, il n'en est rien. C'est un mauvais rêve que nous avions fait. »

Mais si telle est votre intention, monsieur le procureur du roi, elle n'est pas réalisée. Les explications que vous avez la bonté de nous apporter ne sont pas satisfaisantes ; bien au contraire, nous y voyons l'aveu, la confirmation de ces tristes choses qui nous faisaient frémir. Une supérieure qui, arguant, selon vous, de ce que *l'enfant n'appartient plus à l'hospice*, s'en empare, la fait enlever... *transférer*, si vous voulez, mais bien secrètement; le fait est acquis et vous ne le niez pas; *transférer où? aux lieux d'où elle paraissait être venue.* Vous ne le saviez pas; l'enfant ne l'a jamais dit. Elle ne pouvait pas le dire; elle ne peut pas parler; personne ne la connaissait; personne ne la connaît encore : vous n'avez jamais pu découvrir qui elle est. La supérieure a dit textuellement *qu'à son costume, elle avait présumé qu'elle était Marchoise.* Sur cette belle certitude, on l'a donc fait *transférer* sur la grande route, dans un endroit vague, *aux environs d'Aubusson ;* non pas dans une maison désignée. Votre rédaction porte : « ET LÀ (sur la grande route, dans l'endroit quelconque), *elle avait été déposée et recueillie dans une maison* VOISINE. » Tout cela est-il logique, régulier, évident, concevable? Non, tout cela n'est ni concevable, ni évident, ni satisfaisant, ni sincère. C'est l'apologie maladroite que vous a présentée une conscience coupable. Je ne comprendrai jamais, et personne ne comprendra plus que moi que le tribunal s'en soit contenté, que vous vous en contentiez vous-même, et personne ne dira avec vous que l'ordonnance de non-lieu, rendue le 13 septembre, est *une preuve manifeste* de l'innocence des coupables. Non, *toutes les investigations de la justice n'ont pas été appelées, et sur la conduite de la supérieure, et sur des agents qui* AURAIENT PU *lui prêter leur concours.* Non, cent fois non ; car ces agents ne sont pas dignes de foi si leur seconde déposition a détruit la première, et cette première déposition est accablante, elle est sans réplique. Un jury n'y trouverait pas de circonstances atténuantes. Monsieur le procureur du roi d'Aubusson, dont vous invoquez l'opinion, et

Qu'on ne s'attendait guère
A voir paraître en cette affaire,

n'a rien à nous dire sur un fait qui

n'est pas du ressort de sa juridiction, et dont il n'a pas eu à connaître. Personne ne s'est *plu à revêtir de circonstances odieuses les faits incriminés*; un tel office ne peut plaire à personne. Il m'a rendue malade de chagrin. Je ne suis pas habituée comme vous autres magistrats, à peser dans le creux d'une main froide les iniquités de mes semblables. Je n'ai rien inventé ; qui le sait mieux que vous? vous faites appel à ma conscience! et moi, j'appelle par trois fois la vôtre! Conscience, conscience, conscience de monsieur le procureur du roi de la Châtre, réveillez-vous, et soyez ce que Dieu vous a faite!

Mais rapportons-nous-en à votre propre témoignage; c'est de vos paroles mêmes que nous voulons tirer la preuve du délit, du crime que la loi qualifie du nom d'*exposition*. Vous dites d'abord : Fanchette a été *transférée aux environs d'Aubusson*, ET LÀ, *elle a été déposée et recueillie dans une maison voisine...* Voisine de quoi? des environs d'Aubusson? c'est un peu vague. Et puis, *déposer et recueillir* sont deux termes fort contradictoires ; on REÇOIT un DÉPÔT, on ne RECUEILLE que ce qui est abandonné, délaissé. D'ailleurs, si c'était un dépôt, un placement régulier, et non pas une exposition clandestine, on n'en eût pas chargé le conducteur d'une voiture publique, mais bien une des personnes qui, comme la mère Landat, sont préposées à cet emploi par l'autorité: ou, du moins, choisissant un homme étranger à cette fonction, on lui eût remis une somme destinée à la pension alimentaire de l'enfant, et non pas seulement le salaire de son aveugle complicité; on lui eût désigné une de ces maisons spéciales qui servent ordinairement de refuge aux enfants trouvés, et, au besoin, à leurs frères en infortune, les idiots, et non pas la première maison venue, VOISINE DES ENVIRONS d'Aubusson. Enfin, l'on ne pouvait, en aucun cas, se passer pour tout cela de l'autorisation du préfet ; car si la prétendue famille de Fanchette se fût présentée à l'hospice pour la réclamer, on n'eût pas pu rendre Fanchette à ses parents sans cette formalité. Or donc, monsieur le procureur du roi, vous vous êtes pris au piège de vos propres aveux, et si vous permettez que je vous parle latin, moi qui ne le sais pas, à vous qui le savez certainement, je vous dirai : *Habemus confitentem reum*.

Autre preuve accablante contre la sincérité et l'innocence de votre prétendu *dépôt* : c'est que Fanchette a été si peu *recueillie*, qu'en réponse aux renseignements demandés par l'autorité de la Châtre, le maire de Saint-Maixent, d'où dépend la localité de Chaussidout, a déclaré dans une lettre officielle que, *malgré les recherches les plus empressés, il n'avait pu rien découvrir au sujet de cette jeune fille.* On ne l'avait pas vue, on n'avait pas entendu parler d'elle à Chaussidout, *commune de Saint Maixent, malgré les recherches empressées du maire !!!* Donc elle n'avait été recueillie nulle part, mais bien abandonnée sur le chemin, quoi qu'on en dise. Si on nous mettait en cause comme calomniateur ou romancier (il paraît que c'est tout un); nous demanderions à monsieur le procureur du roi de nous conduire dans cette maison introuvable et invisible dont l'administration charitable de la Châtre fait la succursale de son hospitalité; et nous sommerions monsieur le procureur du roi de recevoir l'attestation des habitants de cette demeure fantastique, entre les mains desquels, selon lui, on aurait déposé Fanchette.

Nous n'avons pas fini. *Après avoir résidé plusieurs jours dans cette maison* supposée, où, quand même nous accepterions l'affirmation de monsieur le procureur du roi, Fanchette n'aurait certes pas eu le droit de réclamer un asile, puisque monsieur le préfet lui en avait assigné un autre; dans cette *maison*, qui n'eût été nullement engagée à se charger d'un enfant perdu; pour qui elle eût dû être une charge impossible à accepter, où certainement personne n'aurait eu ni le temps, ni le moyen, ni le devoir de la garder et de la surveiller; vous dites que *cette jeune fille* PARVINT A SE SOUSTRAIRE *pendant quelque temps à toutes les recherches de l'autorité locale.* C'est faux; on vous a trompé. Fanchette, qui n'a jamais pu parvenir à dire deux mots de suite; n'est certainement pas *parvenue à se soustraire* à quoi que ce soit. Fanchette sait bien, en vérité, ce que c'est que les autorités locales ! Elle a bien affaire de s'y *soustraire*, elle qui cherche un asile comme un chien sans maître, contre le froid et la faim ! Il est bien aisé de comprendre ce que cherchait la pauvre vagabonde en quittant son nouveau gîte; elle essayait de retourner à l'hospice. C'était son idée fixe. On ne peut pas lui en supposer d'autre, puisqu'elle ne faisait autre chose tandis qu'elle résidait chez la femme Thomas. Malheureuse qui croyait trouver là secours et protection! Oh! que sa stupide confiance doit enfoncer de poignards dans le cœur de la supérieure, si tant est que cette femme ait un cœur! Mais la honte de la réprobation publique et la crainte du châtiment réveillent parfois une espèce de conscience chez ceux qui n'en avaient point. Puisse-t-elle gémir et pleurer aux pieds du Christ, cette *sœur de charité!* je le lui souhaite; je ne lui souhaite pas d'autre mal.

Ainsi Fanchette ne pouvait pas, comme un bandit, comme un forçat évadé, se *soustraire aux recherches de l'autorité.* Elle ne connaît point d'autorité, elle ne connaît que la grande route ; elle a pu la suivre au hasard, espérant revenir à la Châtre. Elle a rencontré des bohémiens ; ils l'ont emmenée, de gré ou de force, qui peut le savoir? On l'a retrouvée, six semaines après, parmi des bateleurs, à Riom. Vous dites qu'elle se livrait à la mendicité ; c'est possible : mais avec qui? Vous ne le dites pas, et pourtant vous devez le savoir. *Vous le savez.* Cela a paru, à quelques personnes d'ici, une invention romanesque, une opposition ingénieuse. Elle n'a rien que de naturel. Il n'y a en France que des bateleurs à qui un enfant puisse servir à quelque chose; ce sont eux qui se chargent de recueillir ceux que les hospices repoussent.

C'est par vos *soins*, par votre *ministère*, *qu'elle a été réintégrée provisoirement à l'hospice de la Châtre*. Je n'en doute pas; mais, dites donc, par l'ordre et les soins de qui a-t-elle été ramenée, cette enfant, de *brigade en brigade*, comme un malfaiteur et avec les malfaiteurs, couchant parmi eux peut-être, sur la paille ou sur le pavé des prisons? On sait bien ce que c'est qu'un pareil voyage, en pareille compagnie; et si, de stupide, Fanchette n'est pas devenue folle, si elle n'est pas enceinte comme on le dit (je crois bien que c'est faux), enfin, si elle est infectée des honteuses plaies de la débauche et de la prostitution, à qui la faute ? Et *il n'y a pas de coupables ? et votre ordonnance de non-lieu* sur ce fait *déplorable* en est *une preuve manifeste ?* Et vous nous dites cela, à nous autres mères de famille ? Et vous avez une sœur, une femme, une mère ? Et je suis un romancier ? Ah ! vous en êtes un autre ! si c'est une honte, buvez-la.

Pardonnez-moi ! mon cœur saigne de vous dire de pareilles choses ; mais, qu'êtes-vous venu faire dans tout ceci ? Mon accusation sur votre incurie de magistrat était-elle aussi grave que celle dont vous vous chargez si gratuitement, si follement ? Les faits que vous avancez confirment les miens. La différence, je le répète, est dans la manière dont vous les appréciez, puisque vous ne leur reconnaissez pas *la gravité que nous leur attribuons*. Je ne disais pas que vous eussiez un cœur de pierre, je ne le pensais pas. Je n'aurais jamais osé vous taxer d'insensibilité, de mépris pour l'espèce humaine, de partialité pour les âmes criminelles, d'aversion pour celles qui haissent le crime. Et, à vous entendre, à lire votre lettre, on croirait que vous avez toutes ces glaces dans l'âme, toute cette perversité dans l'esprit. Vous avez eu trop de confiance ; vous saviez que nous vous connaissions pour un bon et faible jeune homme, et votre zèle à justifier cet évènement *déplorable* vous a fait oublier que le public auquel vous vous adressez, ce public rude et sauvage qui juge un homme sur ses paroles, et ne s'inquiète ni de ses secrets instincts, ni de sa vie privée, allait vous condamner sans appel et crier anathème sur votre apologie. Nous serons forcés de vous défendre, et nous le ferons, tandis que vous nous accuserez de provoquer le scandale et d'incriminer vos intentions.

Vous vous trouvez compromis par nos reproches de lenteur et de patience. Eh bien, il fallait vous en tenir à cette justification : « Nous avons agi, nous avons tâché de retrouver Fanchette. » Il fallait dire que vous aviez, vous personnellement, provoqué une enquête, et que le reste ne vous regardait pas, puisque l'ordonnance de non-lieu n'émanait pas de vous ; et il ne fallait pas vous faire le rédacteur, l'*éditeur responsable* du roman invraisemblable intitulé l'*Espoir de madame la supérieure*. Voilà où est l'aventure *incroyable* ! C'est la sollicitude de cette femme qui arrache un enfant à la surveillance des autorités, aux soins du médecin, à une retraite assignée par le préfet, à un asile assuré, à un secours du gouvernement, le tout par bonté d'âme, et qui la fait perdre *du côté* où elle *présume*, où elle *espère* qu'elle *doit* avoir une famille; et qu'elle *pourra* la retrouver. Comme c'est ingénieux! quelle charité éclairée! quelles candides intentions! Grâce à Dieu, je suis femme et ne comprends rien aux lois que les hommes ont inventées, mais j'ai ouï dire qu'il y avait des châtiments pour ceux qui causaient la mort par imprudence. Il n'y en a donc pas pour ceux qui risquent la vie, l'honneur et la santé d'autrui par *im-*

prudence ? Mettons que ce ne soit pas autre chose ; en tout cas, l'imprudence est grande, et si la supérieure ne doit pas être punie, ce qu'à Dieu ne plaise, je n'aime pas le système des châtiments, au moins aurait-elle mérité quelque sévère réprimande ; au moins ne mérite-t-elle pas qu'un magistrat prenne son parti, et nous la déclare innocente et persécutée, bien intentionnée et pure de tout reproche ; au moins avons-nous le droit de nous étonner, de blâmer, et de nous remontrer les uns aux autres l'horreur et le scandale d'une imprudence de ce genre. Eh quoi ! vous cachez, vous étouffez l'affaire ; libre à vous ! mais encore vous vous fâchez quand nous la découvrons, et vous voulez nous interdire d'en parler ? Sommes-nous en France ou en Russie ?

Vous m'en voulez pour avoir dit, monsieur le procureur du roi, que vous étiez demeuré *témoin impassible*. Eh bien, si vous ne l'avez pas été, tant mieux. Je vous crois de toute mon âme. Pourquoi voulez-vous donc maintenant vous poser en apologiste passionné des intentions les plus coupables ? C'est bien pis.

Vous avez fait tous vos efforts pour retrouver Fanchette : je le crois bien ! Les autres fonctionnaires ont agi aussi avec activité, avec effroi du scandale qui allait retomber sur l'administration de l'hospice, et sur le clergé? Je le crois encore! Mais l'enfant retrouvée telle qu'elle, on s'est calmé bien vite. Le sous-préfet a été vivement affecté, m'a-t-on dit, du sort de Fanchette; je ne doute pas de la bonté de son cœur. Mais les hommes les plus probes et les meilleurs sont-ils donc obligés par état, dès qu'ils sont revêtus de fonctions publiques, à une prudence ombrageuse? Est-ce l'esprit du gouvernement qui leur impose ces ménagements pour certaines personnes, cette irritation contre d'autres? On le dit; moi, je ne veux pas le croire. Cependant une modeste souscription s'est ouverte à la Châtre pour faire imprimer et vendre au profit de Fanchette le *roman* qui porte son nom. C'était une bonne œuvre. Le prétendu roman avait eu du succès dans la localité. L'imprimeur n'y courait aucun risque ; c'était la reproduction d'un ouvrage déjà publié, et non incriminé par le gouvernement. Le prix était convenu, le nombre d'exemplaires fixé. Mais après avoir été faire sa déclaration à la sous-préfecture, l'imprimeur est revenu tout effrayé, et bien décidé à ne pas nous prêter le secours de son industrie.

Monsieur le procureur du roi, demandez donc de ma part à monsieur le sous-préfet pourquoi il a fait intimider de la sorte ce brave homme d'imprimeur? Que lui importait un peu plus ou un peu moins de publicité au *roman* de Fanchette? S'il eût réclamé contre la petite part de blâme que je lui faisais, j'eusse eu un grand plaisir à me démentir et à réparer mon injustice. Mais comment croirons-nous à sa sincérité, comment jugerai-je ses intentions, à présent que je le vois armé des foudres de l'intimidation, on dit même d'une menace de poursuite contre moi? Au moins on devrait bien me donner le temps de me retourner et de vendre mon *roman* au profit de l'idiote, puisqu'on a bien donné à ceux qui l'ont *exposée* et *perdue* neuf ou dix semaines de répit avant d'instruire sur leur conduite (1).

Vous allez voir qu'on n'a pas

(1) L'impression de *Fanchette* a été tentée à Bourges et y a échoué pour les mêmes causes. De trois imprimeurs, l'un a le monopole des imprimés de la préfecture; l'autre celui des annonces judiciaires, le troisième est imprimeur du clergé. A Châteauroux, certitude des mêmes obstacles : partout, en province, même position des imprimeurs, même dépendance du pouvoir, même âpreté du pouvoir *à paralyser la presse*.

procédé envers eux avec autant de hâte et de méfiance. C'est un autre petit récit dont je me fais encore l'*éditeur responsable*.

M. Delaveau, maire de la Châtre et député de l'Indre, à son retour de la dernière session, trouva dans les bureaux de la mairie une lettre de monsieur le sous-préfet, qui était arrivée en son absence un mois ou six semaines auparavant, laquelle lettre était relative au fait de la disparition de Fanchette et en demandait l'explication. Comme président du bureau d'administration de l'hospice, M. Delaveau rassembla le conseil de cette administration, et exhorta ses collègues à s'occuper de la lettre de monsieur le sous-préfet. Il lui fut répondu que l'on n'avait pas répondu, mais que, comme ladite lettre n'avait pas été suivie de ce qu'on appelle une lettre de rappel, c'est-à-dire d'une preuve de l'insistance de ce fonctionnaire pour avoir raison du fait, il n'y avait plus lieu de s'en occuper. Apparemment, disait-on, le sous-préfet est aujourd'hui fixé sur le sort de Fauchette. M. Delaveau s'étonna, s'indigna de cette inaction. Il ne devait pas s'en étonner. Un membre de ce bureau, zélé pour le gouvernement, et influent dans les affaires de l'hospice, avait lui-même donné à la supérieure le conseil, on dit même l'ordre de faire perdre l'enfant, et la plupart des autres membres n'étaient pas apparemment très révoltés de cet acte, puisqu'ils se joignaient à lui pour en étouffer la publicité. M. Delaveau ne se laissa point convaincre par l'opinion du conseil, ni décourager par la cynique indifférence de certaines personnes.

Il déclara que, puisqu'on paralysait son action comme président du bureau d'administration de l'hospice, il se réservait d'agir comme maire, et de diriger des poursuites contre les coupables. C'est alors que M. Delaveau provoqua l'enquête suivie par le commissaire de police, et que j'ai citée plus haut. Elle est courte, elle est incomplète, puisque la supérieure et son conseiller n'y figurent point en personne. Cependant elle suffit pour établir le fait nettement, et copie en fut envoyée par le maire de la Châtre au procureur du roi et au sous-préfet. Le même jour, 31 juillet, arriva enfin la lettre de rappel du sous-préfet.

De tout cela il résulte que le premier mouvement, en l'absence de M. Delaveau, est venu de mon sieur le sous-préfet, et qu'après les démarches de M. Delaveau, les autres démarches de monsieur le sous-préfet ne se sont pas fait attendre. Cependant on peut douter que la lettre de rappel eût été envoyée si l'enquête n'eût pas été déjà faite. Il n'y a pas certainement dans tout cela de quoi couronner ni pendre monsieur le sous-préfet; mais tout l'honneur de l'activité, du courage et de la persévérance revient à M. Delaveau, comme maire; à M. Boursault, comme médecin de l'hospice, et l'action dn tribunal, qui a été la plus tardive, est venue tout remettre à néant. Vous dites, monsieur le procureur du roi, que c'est précisément *une preuve manifeste* du néant de l'affaire; pour nous, jusqu'à présent, c'est une preuve manifeste de l'intérêt qu'on avait effectiment à l'étouffer. Il est possible que nous nous trompions; éclairez-nous, daignez fournir vos preuves, nous ne demandons pas mieux que de nous y rendre, si elles sont bonnes. Moi, je vous répète que je suis prête à vous demander pardon de mon irrévérence, et à la rétracter publiquement, mais que votre lettre me force à persévérer plus que jamais dans mes accusations; que votre enquête elle-même est frappée à mes yeux d'une complète nullité morale, et n'atténue en rien la gravité de celle du commissaire de police. Et si vous voulez que je vous dise pourquoi, c'est que les personnes qui pouvaient le mieux éclairer votre religion n'y ont pas figuré.

Ainsi, vous n'avez entendu ni M. Delaveau, maire de la ville, ni ses adjoints qui présidaient le conseil en son absence, ni M. Boursault, médecin de l'hospice, qui, par ses fonctions, était chargé de donner l'*exeat*, pièce indispensable pour autoriser le déplacement de

Fanchette. Si monsieur le maire de la Châtre eût été appelé, il eût pu produire la lettre du maire de Saint-Maixent qui détruit sans réplique votre illusion de cette fameuse maison de refuge, *voisine des environs d'Aubusson*, sur laquelle repose toute la justification de l'évènement déplorable. Si M. Boursault eût été entendu, il aurait également détruit votre illusion charitable sur le *presque idiotisme* de la victime. Enfin, vous eussiez dû appeler la femme Cruchon, qui demeure sur la route de Guéret, et chez laquelle Pélagie, la servante de l'hospice, a stationné avec Fanchette en attendant le passage de Desroys, au moment choisi pour l'enlèvement. Quant à Desroys, nous ne pouvons pas savoir ce qu'il a pu vous dire dans votre instruction à huis-clos, pour détruire et atténuer ses premières révélations ; mais nous savons bien ce qu'il disait *hier* encore, et cela a bien le caractère d'une vérité naïve. Il avait *abandonné* l'enfant sur la grande route, au milieu de la nuit ; et il en avait eu tout d'un coup *le cœur gros* sans trop savoir comment. Il avait lancé ses chevaux à toute bride à la descente, pour fuir Fanchette et le remords ; mais soudain il les avait arrêtés, arrêté lui-même comme par la main de Dieu, pour regarder si, en courant après lui, elle ne s'exposait pas à *prendre du mal*. Il ne l'avait pas vue, et, ne pouvant se débarrasser de son souvenir, pendant cinq à six jours il allait demandant sur son passage à toutes les laitières qu'il rencontrait : *N'avez-vous pas trouvé par-là un enfant?*

Je n'ai qu'une erreur à rectifier dans la lettre de Blaise Bonnin, c'est que la ville de Riom soit située dans le département du Cantal; il paraît qu'elle est située dans celui du Puy-de-Dôme. C'est une faute de géographie dont je ne me suis point aperçue en transcrivant la lettre de mon ami Blaise, par la raison que je ne possède pas cette science mieux que lui. Mais les paysans et les femmes, assez doctes peut-être dans les questions de sentiment, ne sont tenus à rien de mieux.

Agréez, monsieur le procureur du roi, l'expression de mes sentiments distingués.

GEORGE SAND.

Nohant, près la Châtre, Indre.

COPIE

DE LA LETTRE ADRESSÉE A GEORGES SAND
PAR M. DELAVEAU, MAIRE DE LA CHATRE,
ET DÉPUTÉ DE L'INDRE.

COPIE

DE LA LETTRE ADRESSÉE A GEORGES SAND
PAR M. ARISTIDE MARIE DE LA CHATRE,
EN FÉVRIER DE 1848.

La Châtre, 16 novembre 1843.

« Madame,

« Je reçois à l'instant communication de votre réponse à monsieur le procureur du roi près le tribunal de cette ville, et l'invitation que vous m'adressez d'attester l'exactitude des faits consignés dans votre récit sur Fanchette.

« Comme magistrat, je devais compte de ces faits tant au sous-préfet qu'au procureur du roi de cet arrondissement, et ce devoir rempli, j'aurais désiré demeurer étranger à ces débats; mais puisque vous invoquez mon témoignage, je crois de mon devoir de rendre hommage à la vérité. Ainsi, je déclare que les faits que vous précisez dans votre réponse à monsieur le procureur du roi sont, en ce qui me concerne, d'une exactitude complète. Quant aux passages de l'enquête faite sur ma réquisition, par monsieur le commissaire de police, ils sont identiques avec les termes de son procès-verbal.

« Veuillez agréer, Madame, l'assurance de mes sentiments les plus respectueux.

« *Signé* DELAVEAU. »

COPIE

DE LA LETTRE ADRESSÉE A GEORGES SAND
PAR M. BOURSAULT, MÉDECIN DE L'HOSPICE
DE LA CHATRE.

« Madame,

« Vous m'envoyez votre réponse à la lettre de monsieur le procureur du roi; après en avoir pris lecture, je certifie qu'en ce qui me concerne, tout est d'une parfaite exactitude.

« Recevez, Madame, mes salutations empressées.

« *Signé* BOURSAULT, D. M. P. »

LETTRE

D'UN PAYSAN DE LA VALLÉE-NOIRE.

On dit par chez nous, messieurs, que vous faites paraître un journal qui a nom *l'Eclaireur*, pour éclairer le monde du pays sur bien des affaires qui, jusqu'à présent, n'ont pas été claires du tout, surtout pour nous, bonnes gens, qui savons tout au plus lire et écrire, et pour bien d'autres encore qui n'en savent même pas si long. Je me suis laissé dire que vous permettriez bien au dernier villageois de vous donner avis de ses peines et de ses idées (c'est tout un par le temps qui court), et que si nous avions quelque chose à réclamer, vous nous aideriez bravement à le faire assavoir à au moins, dix lieues à la ronde. C'est pour ça, messieurs, que je mets la main à la plume, vous priant de m'excuser si je ne sais pas bien tourner un écrit, et si je dis, faute de savoir, quelque chose que la loi défend de penser!

Vous voyez, messieurs, d'après ce commencement, que j'ai l'agrément de savoir lire et écrire, quoique je ne sois pas né dans le temps où l'on allait à l'école. Mais l'ancien curé de ma paroisse s'était amusé à m'instruire un peu, et j'ai appris le reste en essayant de lire dans les gazettes que notre ancien seigneur lui prêtait. Ce qui fait qu'au jour d'aujourd'hui, quand j'en trouve l'occasion, je fourre encore un peu le nez par ci par-là dans les nouvelles. Eh bien, je n'en suis pas plus avancé, car tantôt je trouve dans les unes que tout va mal au pays de France, et tantôt que tout va si bien qu'on chante et qu'on banquette pour remercier le roi et le bon Dieu de la prospérité publique.

On ne peut se gausser du bon Dieu; mais tant qu'au roi, c'est bien certain qu'on se permet de l'affiner, si on lui dit que nous sommes tretous contents, et quoi qu'en dise notre préfet, qui bien sûr l'a dit pourtant à bonne intention, nous répétons tous les matins et tous les soirs, et souvent sur le midi :

« *Ah ! si le roi le savait !* »

Tout en me creusant la tête pour savoir moi-même d'où nous viennent tant de misères que personne ne plaint, et que personne ne dit au roi, je crois bien que je l'ai trouvé, et je ne serais pas si câlin que de ne pas oser le dire.

Oui, messieurs, j'ai trouvé le fin mot en y pensant, et si ce n'est pas la vérité, je veux perdre mon baptême. Voilà ce que c'est. On dit, on prétend, on soutient que la révolution nous a fait de grands biens et porté beaucoup de profit. Nous l'avons cru aussi, et le jour où nous nous sommes trouvés sans seigneurs, sans abbés, sans dixmes ni redevances, nous nous sommes tous imaginé que nous allions être libres et gaillards comme alouettes au champ. Nous nous sommes trompés, foi d'homme! Je ne sais pas comment ça s'est emmanché; mais avec l'empire, avec la restauration, et encore plus avec la nouvelle révolution de l'an trente, voilà que la féodalité, la dixme, le servage, et jusqu'à la corvée, messieurs, oui, la corvée, tout ça nous est retombé sur le corps. Il n'y a que les noms de changés. Le régime féodal, c'est le pouvoir absolu de celui qui possède sur celui qui ne possède pas. La dixme, c'est l'impôt, qui jamais ne profite qu'aux riches; aux pauvres, point. Le servage, c'est notre état de misère qui nous livre à la merci de l'usurier bourgeois, du fermier bourgeois ; et la corvée, c'est la prestation en nature pour les travaux prétendus d'utilité publique.

Oh ! ça vous étonne bien un peu,

mes chers messieurs, et ça vous fâche peut-être contre moi dans le premier moment. Faites excuse si je ne sais pas bien parler, mais les mots ne sont que des mots, voyez-vous, et si vous voulez bien m'examiner un tant si peu, vous verrez que mon idée n'est pas si fausse qu'elle en a l'air.

— Voyez un peu, par grâce, si les riches, gros, moyens ou petits, ne sont pas nos seigneurs féodaux, et si nous ne sommes pas redevenus la gent taillable et corvéable à merci, comme on disait dans mon jeune temps, je m'en souviens encore. Il n'y a plus de châteaux-forts, c'est vrai; mais oh! que l'argent, le *capital*, comme on dit au jour d'aujourd'hui, est devenu bien autrement solide pour défendre la caste qui en use! Et comme c'est subtil, comme c'est maniable, comme c'est morsurant, cette monnaie jaune qui permet tout aux uns, et qui défend tout aux autres! Nous n'avions qu'un seigneur par village, nous en avons dix, vingt, trente, à présent. Ils ne résident pas tous, on ne les connaît pas tous. Il y en a qu'on n'a jamais vus, qu'on ne peut pas se flatter d'attendrir ou de persuader jamais, car on ne les verra mie.

« Les uns sont députés pour les riches, et, plaidant auprès de la nation pour les riches contre les pauvres, font grand mal au pauvre qui ne sait pas seulement leurs noms, et qui n'a pas même, comme au temps d'autrefois, la consolation de maugréer tout bas contre monsieur le comte ou monsieur le marquis, seigneur de son endroit. Il y en a qui sont banquiers et qu'on ne voit pas davantage. Ils ont des fonds en circulation dans le pays; ils règlent le taux des emprunts, ils font que l'argent est cher, et que quiconque est forcé d'emprunter, est bien sûr d'être ruiné. Et en dessous de ceux-là, il y a la caste des moyens propriétaires, qui ont tous de l'autorité sur nous, outre celle de l'argent, parce que nous sommes forcés d'en faire nos maires, nos adjoints, nos conseillers municipaux, nos chefs et nos maîtres, pour parler vrai. Ils ne disposent plus de notre cou pour nous pendre, ni de nos épaules pour y faire tomber des coups de bâton, ni de nos femmes par droit de seigneur ; mais ils disposent de nos estomacs pour les laisser jeûner, de nos bras pour les faire travailler à leur profit moyennant salaire trois fois insuffisant... Et tant qu'à nos femmes, à nos sœurs, à nos filles..., oh! bonnes gens! vos savez bien qu'un écu, un tablier de soie, un peu d'aise et de gloriole, quelquefois, hélas faut-il! le besoin d'une pauvre mère de famille, font faire de plus vilaines choses que l'ancien droit dont je sais et ne veux pas dire le vrai nom. Du moins si celui-là nous humiliait et nous rabaissait, il nous portait moins de peine dans le cœur. On pouvait croire que ces pauvres créatures du bon Dieu avaient agi par crainte, par superstition; car on s'imaginait que le seigneur était plus qu'un homme : quand on ne le respectait pas comme un ange, on en avait peur comme d'un diable. A présent le diable s'est fait bonhomme : il se promène en redingote et en casquette autour de nos maisons, on s'en défie moins. Mais quand on y songe, on doit s'en méfier davantage; car si l'on défend ses brebis, qui vous dit que ce riche qui ne craint ni Dieu ni diable, qui se moque du scandale comme du curé, et de la loi qui est faite et appliquée par lui et pour lui, ne vous ruinera pas bientôt en vous chassant de la maison qu'il vous a louée, en réclamant l'argent qu'il vous a prêté (je ne veux dire à quel taux d'intérêt!); enfin, en vous refusant l'ouvrage dont vous ne pouvez pas vous passer? Fermez les yeux, tout ira bien; ouvrez-les, vous irez, de par lui, s'il lui plaît, à l'hôpital. Vous vivez donc toujours dans la crainte, non d'un seul comme autrefois, lequel du moins, quand il était pieux et sage, par bonne chance, vous protégeait contre le voisin, mais de vingt et de trente maîtres qui se soutiendront tous contre vous au besoin.

Tant qu'à l'impôt et aux prestations en nature, voyez un peu, bonnes gens, si ce n'est pas, sous d'autres noms, la redevance et la corvée! A qui va, à quoi sert, à quels gens profitent l'argent et le travail qu'on nous impose? On dit que ça sert à ce que nous soyons bien gouvernés! Quelle part avons-nous, nous qui ne votons rien, aux bienfaits d'un beau gouvernement? D'abord est-ce nous qui l'avons fait? nous en rend-on compte? savons-nous ce qui s'y passe? On dit que nous sommes trop bêtes pour savoir ce qui nous fait besoin, ce qui nous est dû; on dit que nous l'avons consenti, ce gouvernement, parce que nous ne nous sommes pas révoltés contre. Nous ne sommes pas méchants. Dieu merci! nous ne connaissons pas, au pays dont nous sommes, la colère et les mauvaises paroles. Quand le bon Dieu nous envoie la grêle, nous ne disons pas d'injures, nous ne montrons pas le poing au bon Dieu. Nous craindrions que ça nous portât malheur et qu'il ne nous en arrivât pire. Nous nous plaignons tout doucement; nous prions pour le beau temps; et le beau temps finit toujours par arriver. Mais avec les gouvernements, le bon temps ne nous arrive jamais, et nous avons beau prier, on nous écoute si peu, qu'on dit au roi que son peuple est heureux, et dans le journal du gouvernement qu'il n'y a pas à s'embarrasser des pauvres, vu qu'il y a des gendarmes et de la troupe, et des canons, et des grandes bâtisses tout autour de la ville de Paris pour nous empêcher de remuer.

C'est à ça que je voulais en venir ; c'est à toutes ces belles dépenses dont chacun de nous paie sa petite part sur le grain de sel qu'il met dans son pot, sur l'air qu'il respire par sa petite lucarne, sur la patente de son pauvre petit métier, sur les quatre ou cinq mauvais meubles qu'il n'a pas toujours pu payer, enfin ce qu'il y a de plus nécessaire à sa pauvre vie. Là-dessus, nous payons les gendarmes, pour qui? pour garer des voleurs ceux qui ont quelque chose à voler, car nous autres, nous ne craignons rien; les voleurs ne sont pas si sots que de venir chez nous. Nous payons les troupes. Sommes-nous en guerre avec les Anglais, les Prussiens ou les Russiens? Faut-il tant de troupes sur pied pour le peu qu'on entend tirer de coups de canon depuis tantôt trente ans? Mais il paraît que les gens riches qui tiennent boutique à Paris veulent qu'il y ait beaucoup de troupe pour garder leur fait. Nous payons les fonctionnaires du gouvernement. Oh! là-dessus j'en aurais beaucoup à dire pour vous montrer le bien qu'ils nous font. Ça sera pour une autre fois. Mais j'ai encore la corvée à vous prouver, et là-dessus je suis tout prêt.

A quoi servent les prestations en nature? A quoi servent les chemins? Ce n'est pas à nous bonnes gens, qui ne les gâtons guère et qui n'avons pas besoin de grandes routes pour nos sabots! Ça n'est pas la charrette, ni la voiture, ni les bœufs, ni le cheval, ni même l'âne du journalier qui défoncent le plomb et creusent les ornières. Le journalier n'a rien de tout ça. Une petite traquette bien droite lui sert mieux. C'est le propriétaire, c'est le fermier, c'est celui qui a des récoltes à serrer des bestiaux à conduire en foire qui réclament pour les chemins et qui nous y font conduire et casser de la pierre. Et encore s'ils étaient contents ! Mais ils ne le sont point, ils sont toujours à se disputer, à se tromper et à se jalouser pour savoir par où passera le chemin.

— Je le veux devant mon domaine, dit l'un.

— Je le veux tout droit sur mon moulin, dit l'autre.

— S'il ne traverse pas le village, disent les autres, nous savons bien pour qui nous ne voterons plus.

Ah! c'est une comédie, et une belle, je vous en réponds, que de les voir se disputer ce pauvre chemin! J'ai à la maison un vieux bouquin bien drôle, qui me fait toujours rire quand j'ai du souci, et qui fait rire mêmement monsieur le curé quand je lui en raconte quelque fadaise, sans qu'il sache toutefois d'où ça sort; car ce livre est peu dévot, quoiqu'il soit, à ce qu'on dit, d'un ancien curé de Meudon. Dans ce livre-là il y a une histoire de chemins, toute bâtie sur des jeux de mots. « J'entends toujours dire (que l'auteur dit, dit-il) qu'un tel a pris le grand chemin de Bourges, ou la route de Tours, ou telle autre route. Je ne savais pas qu'on pouvait voler les chemins. » Eh bien, par ma foi, on lui prouverait bien au jour d'aujourd'hui, à ce brave monsieur l'abbé Rabelais, qu'on peut les prendre et les voler, les chemins, les petits comme les grands. J'en sais qu'on a subtilisés dans la poche des contribuables d'une façon aussi joyeuse que toutes les histoires de mon abbé, que j'aime bien d'ailleurs, vu qu'il parle le bon et vrai français qu'on parle encore aujourd'hui chez nous, ce qui fait que, de tous les livres que j'ai lus, (j'en ai bien lu quatre ou cinq) c'est celui-là que je comprends le mieux.

Vous voyez donc bien, mes chers messieurs, que le pauvre est à la merci du riche, comme autrefois le faible était à la merci du fort. Vous voyez donc bien, par conséquent qu'une misère à la place d'une autre, ce n'est rien de gagné; de la même manière qu'un fardeau qui ne fait que changer de nom n'est pas plus doux à porter dans un temps que dans l'autre.

Mais je n'ai pas fini de vous énumérer nos peines et nos inquiétudes. Vous allez voir qu'il nous arrive pire que jamais, et que la vie d'un chacun pauvre va être mise en question ; à savoir s'il a le droit de vivre ayant quelque chose, ou si, n'ayant rien, il n'est pas obligé de se jeter à la rivière avec une pierre au cou pour faire de la place. Je veux même avoir vos bons avis là-dessus, pour savoir si je ne ferai pas mieux d'en prendre mon parti tout de suite et de me périr avec ma famille avant tous les chagrins et tous les ennuis qui vont nous y forcer peu à peu.

Dans l'ancien régime, nous avions nos communaux, propriété sacrée et inaliénable du pauvre, comme disait notre ancien curé, et on ne songeait pas à les vendre. On le pouvait en certains cas, mais on n'eût osé. On avait bien assez à faire de les défendre contre les empiètements et prétentions des seigneurs, qui n'avaient pas toujours gain de cause, et à qui la loi de 93 finit par faire entendre raison de gré ou de force. Dans ce temps-là nous avons pu nous imaginer que la loi protégerait toujours les intérêts du pauvre. Dans le pays d'ici, nous n'en voulions pas à nos anciens maîtres; nous ne brûlions pas leurs châteaux; nous ne désirions ni leur mort ni leur ruine: mais nous ne pouvions pas regretter les droits féodaux; voilà tout le tort que nous ayons eu, et, si c'en est un, on nous en a bien punis depuis ! On n'a pas vengé la fierté des anciens aristocrates, mais on a contenté l'avarice des nouveaux, en leur donnant plus qu'autrefois aux autres le gouvernement de nos intérêts, à tous les degrés du pouvoir, soit payé, soit honorable. Par ainsi, nous ne dépendons pas seulement des préfets, sous-préfets et gendarmes, mais encore des maires, adjoints et conseillers municipaux, lesquels acceptent souvent lesdites places, comme ils le disent d'eux-mêmes, non pour le plaisir ou l'honneur, mais pour avoir une autorité qui leur permette de veiller à leurs intérêts et à ceux de leurs amis, de se garer des tracasseries que pourrait leur occasionner celui qui occuperait la place, enfin de faire respecter la grande propriété par la petite. Ils se font de ce dernier chef un mérite, un devoir et quasiment une religion. On dirait que ces pauvres riches sont dans un danger abominable de ne pas le devenir davantage, et que, si tout ce qui a un brevet de pouvoir dans la nation ne leur court point en aide, ils vont mourir du chagrin que leur causerait une poule dans leur blé ou une oche (1) dans leur luzerne. Mais qui est-ce qui prendra donc enfin un beau jour la défense de la petite propriété contre la grande ? M'est avis que ça serait temps. Et la défense de la non-propriété, c'est-à-dire de la vie des pauvres contre tous les pro-

(1) Oie en berrichon, *oca*.

priétaires, petits et grands? Oh! pour çà, je ne vois pas qu'on ait envie de ressusciter la parole de notre seigneur Jésus-Christ, et je crois bien qu'il se passera mille ans avant qu'un maire, un adjoint, ou un simple conseiller municipal donne, dans une contestation, la préférence au misérable sur le propriétaire, son confrère et son semblable à lui officier municipal, qui n'est jamais et ne peut jamais être choisi parmi les pauvres, nos pareils à nous qui ne nommons et ne choisissons personne.

J'en étais sur les communaux, pardon excuse si tout ce que j'ai sur le cœur me fait bavarder un peu à tort à travers. Je vous disais qu'en 93, vous le savez mieux que moi, on nous avait fait là-dessus des lois qui nous débarrassaient si bien des prétentions de nos seigneurs que nous pensions n'avoir plus rien à craindre. Aussi prîmes-nous bientôt, nous autres pauvres ménageots, l'habitude de regarder comme nôtres ces terres *vaines et vagues* comme on les appelait. Nous achetâmes chacun cinq ou six pauvres bêtes, et même moins quand nous ne pouvions pas mieux faire ; et de ce moment-là, comme on paraissait ne vouloir jamais nous tracasser là-dessus, nous fîmes de nos petits enfants des pasteurs, de nos ouailles de la laine, pour nous vêtir, de notre chèvre le lait et le fromage de notre nourriture, de nos élèves en volailles, chebris ou porcs, un petit bénéfice de vingt, trente ou quarante écus par chacun an. Ça nous sauvait de la misère, ça nous assurait la vie et à nos pauvres enfants. Car enfin, messieurs, calculez ce que gagne et consomme un pauvre journalier chargé de famille, et vous connaîtrez clair comme la parole de Dieu que sans notre petit troupeau nous ne pouvons pas vivre. Le moins qu'un homme consomme de seigle ou marsèche, c'est 50 francs par an. Mettons qu'il a femme, père ou mère, et seulement trois enfants à nourrir. Quand un paysan n'a que cinq personnes sur les bras il est bien heureux... Bien heureux ! Voilà pourtant ce que la misère fait dire et penser... Mais passons. Mettons que pour ces cinq personnes trop vieilles ou trop jeunes pour consommer autant que le chef de famille qui peine et travaille, il faille, à raison de 25 francs par an, un total de 125 francs ; ajoutez le loyer d'une maison et d'un coin de jardin dans notre endroit ; c'est le moins 50 francs ; meilleur est le pays, plus chère est la chose. Ça fait 225 francs. Ajoutez l'impôt mobilier, les vêtements, les sabots, en voilà bien vite pour 25 ou 30 francs. Mettons la dépense totale la moindre possible, il faut 250 francs à une médiocre famille pour vivre sans autre régal que le pain et l'eau, sans bois de chauffage et sans chandelle. Je n'ai pas pas compté le savon, ni le sel qu'on met pour faire d'un peu d'eau claire du bouillon de paysan. Ça n'est pas que ça rende le pain meilleur, mais ça empêche qu'il ne vous étouffe ; et quelque chose de chaud dans l'estomac, ça joue la soupe. Dans les pays de châtaigne on vit encore à moins, à ce qu'on dit ; mais pour nous, habitants de la Vallée-Noire, nous ne pouvons pas économiser davantage.

Voyons maintenant notre salaire : 20 sous par jour en été, 10 sous en hiver. Supprimez les dimanches et fêtes chômées, les temps de glace où l'on ne peut travailler la terre ; si nous arrivons à 200 francs par an, je défie bien que nous dépassions d'un écu ; dira-t-on que c'est assez et que nous pouvons exister ? Il faudrait supposer pour ça que nous n'aurons pas de dettes, et pourtant, si nous n'entrons pas en ménage avec un mobilier, il faut s'endetter pour l'acheter;

Que nous ne serons jamais malades, et la santé continuelle n'est jamais arrivée à aucun homme, que je sache. Soyez arrêté seulement une semaine, vous voilà endetté. Soyez endetté trois mois, vous voilà ruiné. Soyez arrêté un an, vous voilà perdu. Soyez estropié, vous voilà mort.

Étant malade, n'espérez pas payer le médecin. Ils sont tous bons et charitables dans notre pays, c'est au moins ça. Mais il faudrait qu'ils fussent bien riches pour nous payer à tous des drogues et pour nous donner un peu de viande et du vin qu'il faudrait pour nous rétablir. Plus ils sont généreux et honnêtes, plus longtemps ils restent pauvres, ou plus vite ils le deviennent. C'est le sort de tous ceux qui ont bon cœur d'être bientôt à bout de leur petit pouvoir dans ce monde où on les laisse faire sans faire comme eux.

La maladie, c'est donc la misère.

Mais ce n'est pas tout. Il y a encore le manque d'ouvrage. J'ai toujours entendu dire aux pauvres : *travaillez !* Je n'ai pas vu que ça leur donnât de l'ouvrage quand il n'y en a pas. Plus la propriété est divisée autour de nous, c'est-à-dire plus il y a de gens un peu aisés, plus ceux qui n'ont rien deviennent inutiles, et, on a beau dire, je vois bien que c'est toujours le plus grand nombre.

Il y a donc, outre les commandements de l'Église, outre les maladies et les accidents, des chômages forcés. Il n'y a pas un seul journalier qui n'ait souffert grandement de toutes ces choses-là. Une fois endettés nous ne pouvons plus en sortir. L'homme qui n'a pas de garantie n'a de ressources que chez les usuriers. Il ne peut payer l'intérêt. Au bout de deux ou trois ans, on l'exproprie ; la dette se trouve payée par là; mais il faut recommencer, et quand une fois on a eu du malheur on ne retrouve pas aisément un crédit de dix écus pour ne pas coucher dehors, soit sa vieille mère ou son vieux père infirme, sa pauvre femme enceinte ou nourrice, et ses petits malheureux quasiment nus.

Voilà, je crois, un sort assez dur.

Eh bien ! nous nous sommes en partie sauvés jusqu'à présent dans nos campagnes, grâce aux pâturages communaux. La chèvre et l'ouaille vous font une nourriture un peu moins mauvaise, des habits un peu moins coûteux, et avec le profit des élèves on peut parer aux coups du malheur. Eh bien, je ne sais pas ce qui s'est passé dans les lois depuis la révolution ; je n'ai quasiment pas lu une seule gazette, et si vous n'en faisiez pas une que notre bourgeoise me prête, il est sûr que je n'en aurais plus jamais lu. Je ne saurais donc dire ce qui a passé par la tête du gouvernement, non seulement d'autoriser tous les conseils municipaux à renfermer, affermer ou vendre les communaux, mais encore de les en semondre, de les y pousser et de les y contraindre en leur refusant des fonds quand ils en demandent pour une école, un presbytère ou quelque sinistre. Voilà que dans beaucoup de communes on a fait comme voulaient messieurs les préfets et messieurs les sous-préfets. On a retiré au pauvre le parcours sur le terrain commun, on l'a forcé de se défaire de ses bêtes ; on l'a réduit à se faire, quoi ? braconnier ? non, car la chasse est si bien gardée à présent qu'une alouette coûte 50 francs au pauvre malheureux qui l'attrape.

— Quoi? mendiant? non, car la mendicité va être interdite. On a fait chez nous un établissement où il y a jusqu'à présent 60 lits pour six mille pauvres; et ceux qui s'y trouveront gênés ou qui n'y pourront être admis iront en prison, s'ils s'arrêtent au seuil d'une porte pour demander un morceau de pain.

— Alors quoi? voleur et brigand, jusqu'à ce que les galères et la guillotine s'ensuivent,

Remarquez les trois belles lois dont l'application nous tombe sur le corps à la fois dans ce moment-ci! Je veux vous questionner sur les deux dernières une autre fois; mais pour les communaux, j'en veux avoir le cœur net aujourd'hui.

Autrefois on autorisait la vente des communaux dans les cas d'urgence et quand la commune réclamait cette autorisation. A présent on l'impose presque, car sur de simples officiers municipaux de campagnes, quelle n'est pas l'autorité

d'un conseil de monsieur le préfet ?
Ça flatte la vanité du paysan riche qui commence aussi à se faire bourgeois et à se déclarer l'ennemi du pauvre; ça donne la peur à son intérêt qui lui remontre le tort que font à ses récoltes tous ces petits troupeaux des ménageots qui touchent à ses bouchures en passant, et qui même sautent quelquefois par desssus, quand nos damnés gamins s'endorment sous un arbre ou s'oublient à jouer à la marelle ou à danser la bourrée entre eux. Oh! dam, je sais bien ce qu'on leur dit et ce qu'ils se disent

ensuite les uns aux autres, nos paroissiens propriétaires ! « Vous voyez bien que tant de bêtes (il y en a 600 et 800 dans les plus petites communes), ne peuvent pas vivre sur le commun ? Ça va tantôt chez vous, tantôt chez moi ; ça grappille sur tout : les gardes-champêtres sont trop doux, ils leur font miséricorde, ou bien nous sommes obligés de la faire nous-mêmes, parce que si nous ruinions une famille par un procès-verbal de 50 francs, ces coquins de malheureux pourraient bien en tirer vengeance. Il ne faut qu'un coup de colère, comme dit l'autre, pour vous couper un arbre pendant la nuit ou pour vous faire périr une bête aux champs. (Outre que les malheureux sont quasi tous sorciers et qu'ils savent des paroles pour tarir les vaches ou faire avorter les juments. Les plus riches d'un bourg ne sont pas toujours les moins bêtes et ils croient à toutes ces sornettes-là).

— Alors, qu'ils disent, il n'y a qu'un moyen pour qu'on ne nous fasse pas tort d'un boisseau de blé ni d'une fourchetée de foin : c'est de les empêcher d'avoir du bestiau ; c'est de vendre le communal. Après ça nous verrons comment ils nourriront tant de bêtes. Ça ne fait-il pas horreur au monde de voir des gens qui n'ont pas un pouce de terre en propre se permettre d'avoir autant d'animaux?

Il y en a bien qui répondent :

— Prenez garde ! quand ils n'auront plus la commune, ils enverront leurs bêtes chez nous sans se gêner; ils deviendront insolents, ça sera comme une guerre, et il faudra toujours être sur la défense, la loi à la main, faire punir et par conséquence être exposés à leurs revanges plus que nous ne le sommes à présent.

Mais il y en a qui répondent :

— Soyez donc tranquille, on va embrigader les gardes-champêtres. Ça sera comme autant de gardes particuliers, comme autant de gendarmes que nous aurons à notre service. On arrange ça si bien que nous n'aurons plus le droit de faire grâce. Nous nous laverons donc les mains du dommage, et le malheureux ne pourra plus s'en prendre à nous.

Voyez, Messieurs, comme tout ça est bien arrangé, de vrai, comme ça se tient, et comme nous voilà tenus, nous autres, bâtés, enfargés et enlicotés !

Mais il y a les câlins, les bons apôtres, les jésuites de la propriété, qui viennent pour nous endormir avec de beaux raisonnements. Mes enfants, qu'ils disent, vous n'y entendez rien. A qui va-t-on vendre les communaux ? à vous ! Libre à vous d'acheter chacun votre petite part, de la renfermer, d'y serrer vos bêtes, ou d'ensemencer et de dévenir propriétaires. C'est joli, ça! vous qui ne l'avez jamais été! ça va vous donner de l'agrément, des droits civils, de la considération. Jamais vous n'auriez trouvé de belle occasion pour acheter, dans un pays où le moindre lopin de terre autour de vos maisons se vend quelquefois à raison d'un demi pour cent! Vous trouverez enfin de la terre à bon marché et peut-être du temps pour payer.

Eh! ôtez-vous de là avec vos menteries! Qui n'a rien ne peut rien acheter; et s'il trouve du crédit en ce temps-ci, c'est sa perte. Nous savons bien ce que c'est que l'emprunt, l'intérêt à 15 et 20, les frais d'huissier et le remboursement, c'est-à-dire l'expropriation! Malheureusement, vos flatteries en attrapent beaucoup, et vous avez persuadé à bien des malheureux que la vente des communaux ferait leur fortune. En attendant, vous les renfermez, vous les plantez, vous faites couper nos vieux arbres de rapport, qui nous donnaient des noix de la feuillée, et vous les vendez, toujours au profit de la commune, comme vous voulez vendre le terrain, toujours pour arranger des chemins qui ne servent qu'à vous, pour augmenter le traitement des gardes-champêtres engendarmisés, qui ne garderont que vous, pour complaire au pouvoir en votant des prestations en nature pour certains travaux hors de la commune, qui contentent et payent tel ou tel électeur bien pensant du voisinage, lequel vous fera payer de votre complaisance une autre fois, etc. Je n'en finirais pas si je disais à quoi vous servent et à quoi ne nous servent pas les impôts dont vous nous chargez.

D'ailleurs, qu'on pourrait leur

dire encore, vous nous la baillez belle en promettant que nous serons riches quand nous serons propriétaires! Vous faites avaler cela aux malheureux, et le malheureux aide de lui-même à sa perte en contribuant de tout son petit pouvoir au débésillement que vous appelez, je crois, *morcellement* de la terre. Les badauds! ils ne voient donc pas, qu'avec leur petit lopin de pré ils ne pourront plus élever de bestiaux? Le bestiau aime à se promener; il ne mange pas, il ne vit pas sur une boisselée d'herbe. Qu'avec leur petit lopin de champ ils ne pourront pas cueillir de blé?

Sans bestiaux, ils n'auront pas d'engrais. Le communal s'engraissait de lui-même du parcours de toutes les bêtes; il ne demandait ni clôture, ni culture. Avec quoi cultiverez-vous ? Vous n'aurez ni bœufs, ni arreau; il faudra emprunter l'attelage du riche et le payer 5 francs à chaque façon. Et quand vous serez gelé, inondé, grêlé, qui est-ce qui vous dédommagera? Ce n'est pas sur le peu que vous pourrez récolter d'une bonne année que vous mettrez en réserve pour la mauvaise. Et puis pour chaque troupeau il faudra une bergère ou un pâtour. Sur le communal, un seul pouvait garder toutes les bêtes de la commune.

— Vous ferez comme les métayers, avec la différence que sur de petits travaux un enfant de plus gardé à la maison est la ruine d'une famille. J'en connais, plus d'un vieux ménage qui, ne pouvant plus cultiver son petit bien, garde son grand gars à la maison pour que le bien ne se perde pas. Le gars quitte une condition de laboureur ou de domestique, où il gagnerait cinquante écus, pour revenir cultiver un bien qui ne peut nourrir son père, sa mère et lui.

Si tous les malheureux voulaient croire la raison, au lieu d'acheter des grobilles de communal, ils feraient un grand, un seul communal avec le peu de chacun, et vous les verriez, s'ils le cultivaient bien en commun, et sans se jalouser et se méfier les uns des autres, arriver à être bien plutôt plus riches que tous leurs voisins.

Mais ça n'est pas seulement la raison qu'il leur faudrait, ça saurait l'amour du prochain avec, et se persuader, avant tout, que l'un ne doit pas chercher à manger l'autre. Et puis il faudrait que ça se fît partout d'un bon cœur, d'un seul bon accord et dans l'intention de plaire à Dieu... Si je parlais de ça dans notre bourg, on me dirait que je suis fou ; et si j'en parlais ailleurs, ça serait peut-être encore pis.

Qu'est-ce qui va arriver pourtant, si les gens d'esprit qui écrivent tant là-dessus ne nous trouvent pas un moyen d'en sortir? Avec la loi sur les communaux, avec la loi sur la chasse, avec la loi sur la mendicité, je ne sais pas s'il nous restera de quoi acheter une corde pour nous pendre. On répond à nos plaintes que les bourgeois ont le droit et la force, que les propriétés seront respectées, et que c'est dans l'intérêt du petit comme du gros. Moi je dis ce qu'on appelle le petit, est encore un très gros pour nous, et qu'après ceux-là, les plus nombreux sont si petits, si petits qu'il paraît qu'ils ne comptent pas. Beau calcul, ma foi, que de dire : voilà cinq hommes sur mille que nous avons contentés et qui sont en position de devenir toujours plus riches ! Si les 995 autres ne sont pas contents, qu'ils aillent plus loin. Et où plus loin si c'est partout de même.

Voilà donc où nous en sommes réduits ; c'est à demander ce que nous allons devenir, à des gens qui ne veulent pas nous répondre, et qui trouvent même insolent que nous osions leur faire cette question-là. Qnand on veut bien essayer de nous tranquilliser, on nous dit : Vous mourrez de faim, c'est vrai, mais vous aurez une belle église, ça fera honneur à votre curé. Vous ne mangerez jamais de viande, mais vous aurez une jolie halle où vous aurez le plaisir de la voir étalée, ça fera honneur à votre maire. Vous serez coffrés si vous vous avisez de sortir de votre commune, parce que vous ne pouvez en sortir qu'en qualité de vagabonds ; mais vous aurez sous les yeux une belle route, ça fera honneur à votre travail. Vous ne pourrez pas faire apprendre à lire à vos enfants, mais vous aurez une école dont vous verrez sortir ceux de vos riches paroissiens, savants, habiles, bons à tout, et capables de vous mettre dedans en un tour de main, ça fera honneur à votre conseil municipal. Vous ne croyez peut-être guère à la messe, et nous pas du tout ; mais vous aurez un curé que vous nous aiderez à établir dans un joli presbytère, et ça attirera du monde sur la place ; ça fera les affaires d'un tel qui vend vin, et d'un tel qui montera une boulangerie, et d'un tel qui fera concurrence au boulanger comme un autre fera concurrence au cabaretier. Tous quatre se ruineront un jour ou l'autre; mais d'autres prendront bien vite leur place, et c'est ça qui fait aller le commerce. Enfin, vous autres, en mangeant votre pain de marsèche, vous aurez le plaisir de nous voir manger du pain blanc; ça fera honneur à votre patience.

C'est bien, mes chers paroissiens! Soyez contents, faites vos embarras et prenez vos aises. Ayez pignon sur rue, bonne maison blanche avec un escalier de pierre, et deux étages, vitre claire, feu de sarment, viande au pot et poinçon dans la cave; ménagère propre, forte et bien nourrie pour vous soigner, point d'enfants pleureurs à votre chevet qui demandent du pain au lieu de s'endormir, ni tapageurs sur votre porte; ils iront à l'école avec des souliers aux pieds et des livres sous le bras....

Tant qu'à nous, qui avons quasi tout perdu et qui allons perdre le reste pour vous donner ces amusements-là, nous vous demandons de quoi vous allez vous priver pour nous donner une compensation. Nous ne savons quoi vous indiquer puisque vous nous avez tout rendu impossible, et que vous dites que c'est pour le mieux. Mais vous qui êtes si savants et que le gouvernement instruit et conseille si bien, vous trouverez peut-être quelque petite chose. Nous attendons.

FIN.

TABLE DU TROSIIÈME VOLUME.

Lettre troisième. Isidora à Madame de T***.   7

Lettre quatrième. Isidora à Madame de T***.   55

Lettre cinquième. Isidora à Madame de T***.   73

FANCHETTE.   91

Lettre d'un paysan de la vallée noire. . .   245

Lagny. — Imprimerie de Giroux et Vialat.

TABLE DU TROISIÈME VOLUME.

Lettre troisième. Isidora à Madame de T***. . . . 7
Lettre quatrième. Isidora à Madame de T***. . . 25
Lettre cinquième. Isidora à Madame de T***. . . 75
LAZOUETTE. 89
Lettre d'un paysan de la vallée noire. 271

Corsac. — Imprimerie de Chassez et Thaut.

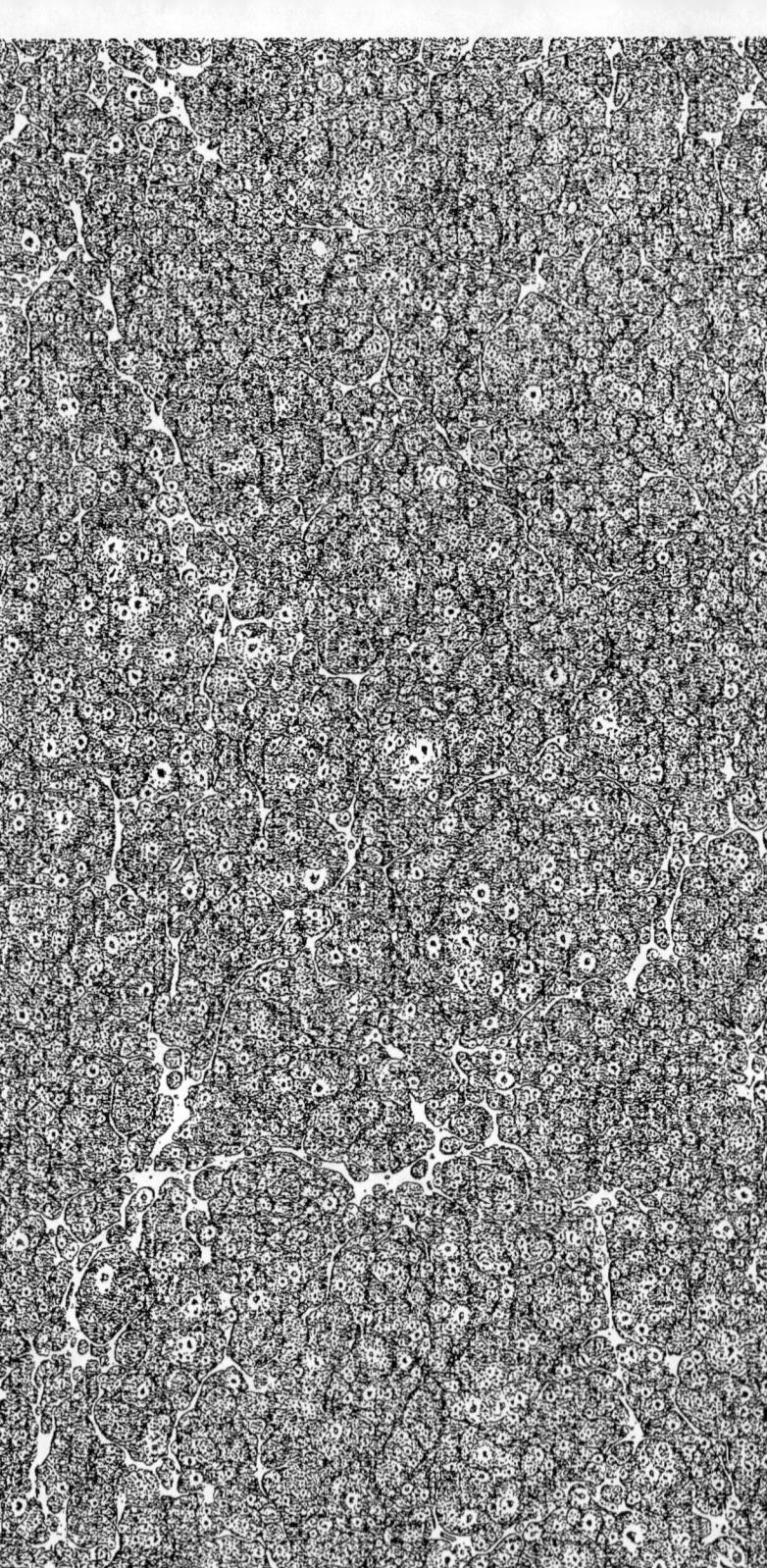

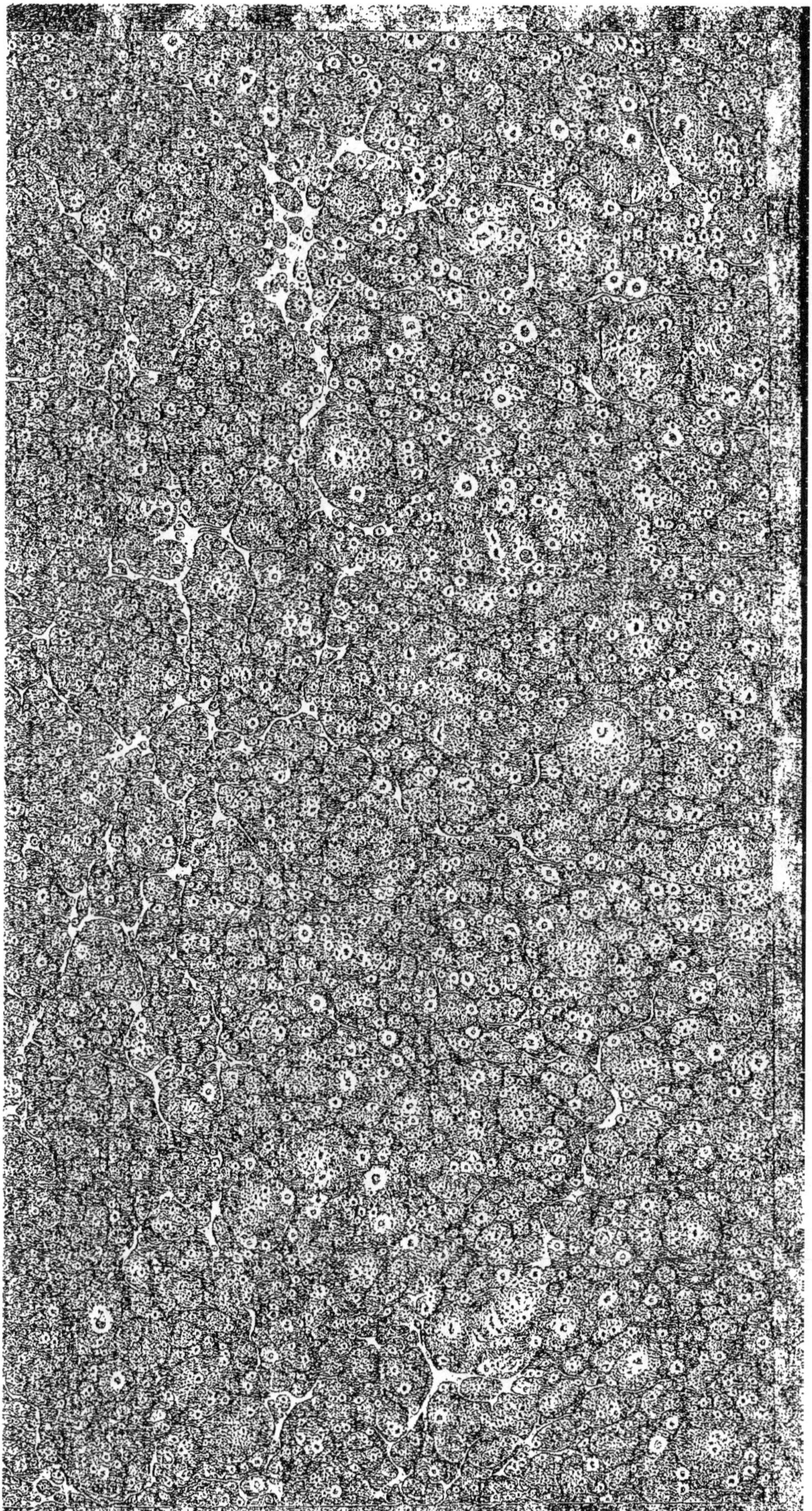

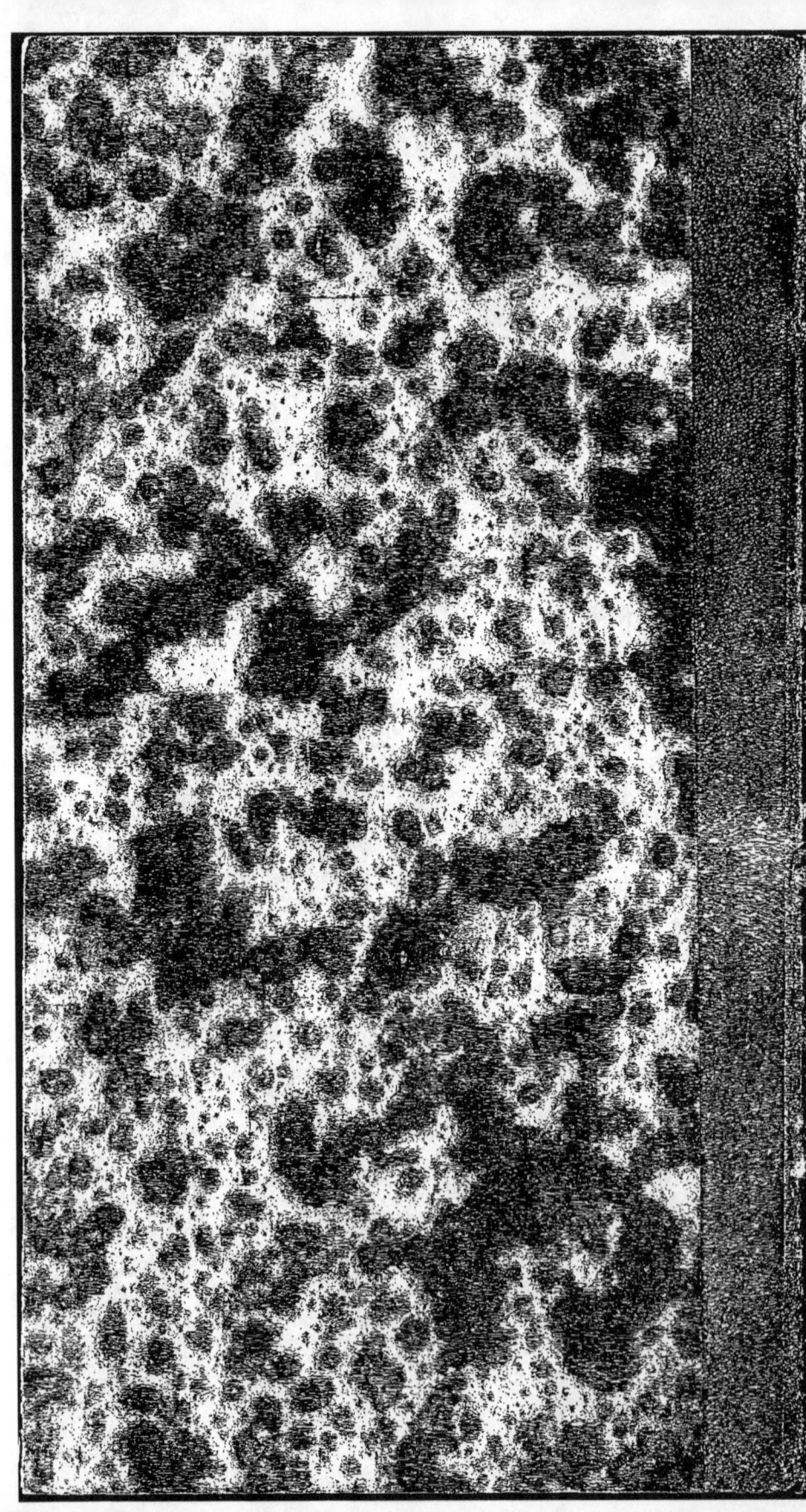

www.ingramcontent.com/pod-product-compliance
Lightning Source LLC
Chambersburg PA
CBHW071519160426
43196CB00010B/1582